Karl Bosch

Das aktuelle Lottobuch

AF551959

Karl Bosch

Das aktuelle Lottobuch

So gewinnt man mehr

UVK Verlagsgesellschaft mbH
Konstanz und München

Bibliografische Information der Deutschen Bibliothek
Die Deutsche Bibliothek verzeichnet diese Publikation in der Deutschen Nationalbibliografie; detaillierte bibliografische Daten sind im Internet über <http://dnb.ddb.de> abrufbar.

ISBN 978-3-86764-564-5 (Print)
ISBN 978-3-86496-735-1 (EPUB)
ISBN 978-3-86496-738-2 (EPDF)

Das Werk einschließlich aller seiner Teile ist urheberrechtlich geschützt.
Jede Verwertung außerhalb der engen Grenzen des Urheberrechtsgesetzes ist ohne Zustimmung des Verlages unzulässig und strafbar. Das gilt insbesondere für Vervielfältigungen, Übersetzungen, Mikroverfilmungen und die Einspeicherung und Verarbeitung in elektronischen Systemen.

© UVK Verlagsgesellschaft mbH, Konstanz und München 2015

Einbandgestaltung: Susanne Fuellhaas, Konstanz
Einbandmotiv: © Argonavt – Stockphoto LP
Fotos innen: © Regomark – fotolia.com

UVK Verlagsgesellschaft mbH
Schützenstraße 24 · 78462 Konstanz
Tel. 07531-9053-0 · Fax 07531-9053-98
www.uvk.de

Vorwort

Weil es kein Spiel gegen den Zufall geben kann, sollte man versuchen, gegen die Mitspieler zu tippen, also auf Tippreihen und -zahlen zu setzen, die nicht beliebt sind. Nur dadurch können höhere Quoten erzielt werden. Zur Untersuchung des Tippverhaltens wurden vom Autor 7.777.556 Tippreihen analysiert, die alle am Samstag, den 16.10.1993, in Baden-Württemberg tatsächlich gespielt und ausgezahlt wurden. Es gibt Tippreihen, die mehr als 8.000-Mal über dem Durchschnitt getippt wurden. Falls eine solche Reihe die Gewinnreihe werden sollte, gäbe es für einen Sechser ohne Superzahl keine tausend Euro. Aus Gewinnreihen mit den zugehörigen Quoten in den vergangenen Jahren kann geschlossen werden, dass sich das Tippverhalten in der Zwischenzeit kaum geändert hat. Dabei wird gezeigt, weshalb bei Mustertipps, bei bereits früher gezogenen Gewinnreihen und bei Geburtstagsreihen die Quoten niedrig sind. Zum Schluss werden Tippvorschläge gemacht, die höhere Quoten erwarten lassen.

Zum 4.5.2013 wurden beim Lotto einschneidende Änderungen vorgenommen. So wurde die Zusatzzahl durch die Superzahl ersetzt und gleichzeitig der Spieleinsatz pro Tippreihe von 0,75 Euro auf 1 Euro erhöht. Zusätzlich wurde die Gewinnklasse 9 mit der festen Quote von 5 Euro eingeführt.

Neben den Gewinnchancen und Quoten werden die theoretischen Quoten hergeleitet. Das aktuelle Lotto wird mit dem früheren Lotto kritisch verglichen. Dabei werden sowohl Vorteile, aber auch Nachteile des neuen Lottos hervorgehoben. Behandelt werden auch die Gewinnchancen und Quoten der Zusatzlotterien Spiel 77, Super 6 und GlücksSpirale. Ferner wird die im Jahre 2012 eingeführte Lotterie EuroJackpot mit den zum 10.10.2014 vorgenommenen Änderungen untersucht. Auch hier findet ein kritischer Vergleich mit dem Lotto statt. Weiter wird die Lotterie KENO behandelt.

Allgemein werden angebotene Lottosysteme kritisch unter die Lupe genommen. Durch kein Lottosystem kann die Chance auf einen Sechser erhöht werden, auch nicht durch die vom Lottoblock angebotenen Voll- und Teilsysteme (VEW-Systeme). Die Chance auf einen Sechser hängt nur von der Anzahl der eingesetzten Tippreihen ab. Auch wird klargestellt, dass es unmöglich ist, Lottozahlen vorherzusagen oder gar zu berechnen. Wiederholt wird darauf aufmerksam gemacht, dass es nicht möglich ist, gegen den Zufall zu spielen. Weiter wird auf die Vor- und Nachteile von Tippgemeinschaften eingegangen. In vielen Beispielen werden Ziehungen mit sehr hohen und extrem niedrigen Quoten vorgestellt. Dabei wird auf deren Ursachen eingegangen.

Stuttgart-Hohenheim, im November 2014 Karl Bosch

Inhaltsverzeichnis

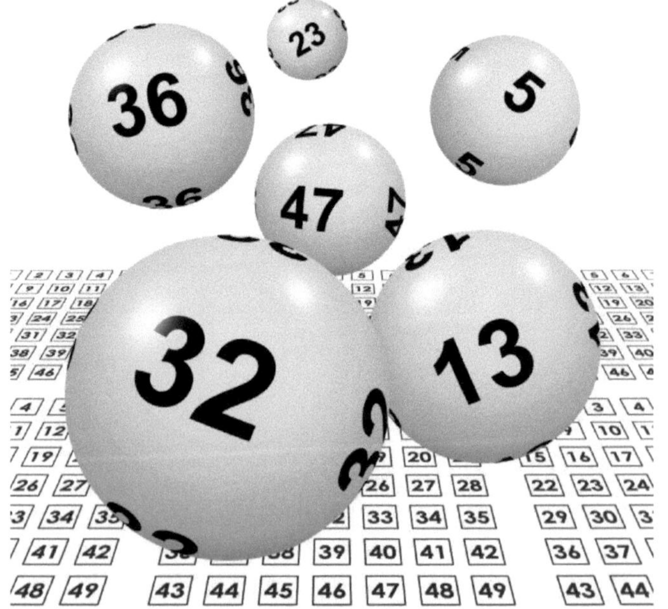

1 Geschichte des Zahlenlottos

Das Zahlenlotto hat seinen Ursprung in Italien. Der Überlieferung nach wurden in Genua vom Jahre 1620 an fünf Ratsherren jährlich durch Losentscheid gewählt. In einem Topf befanden sich 90 Lose mit den Namen geeigneter Kandidaten. Aus diesem Topf wurden fünf Lose zufällig ausgewählt. Die ausgelosten Kandidaten waren damit als Ratsherren der Stadt Genua für die nächsten 12 Monate gewählt. Pfiffige Geschäftsleute machten dieses Auswahlverfahren zu einem Wettgeschäft. Wer die durch das „Lotto di Genova" bestimmten Senatoren richtig vorausgesagt hatte, erhielt als Gewinn einen Warenpreis. Ob die Ratswahlen tatsächlich so durchgeführt wurden, konnte nie eindeutig geklärt werden. Vermutlich handelt es sich um eine Legende.

Findige Geschäftsleute kamen schnell auf die Idee, die Namen der ratsfähigen Bürger durch Mädchennamen und später durch die 90 Zahlen 1, 2, ... , 90 zu ersetzen. Damit war das Zahlenlotto „5 aus 90" geboren. Es verbreitete sich sehr schnell in ganz Italien.

Wer die fünf gezogenen Zahlen richtig prognostiziert hatte, erhielt den Hauptgewinn.

Daneben gab es auch noch Gewinne für weniger als fünf richtig getippte Zahlen. Die Gewinnquoten wurden zunächst mit Hilfe der Wahrscheinlichkeitsrechnung festgelegt. Lange Zeit wurde in Italien das Zahlenlotto „5 aus 90" gespielt. Inzwischen erfolgte dort eine Umstellung auf „6 aus 90". Dadurch erhöhte sich die Anzahl der möglichen Tippreihen von 43.949.268 auf 622.614.630. Gleichzeitig wurden die Quoten in den oberen Gewinnklassen stark angehoben. Der italienische Begriff Lotto stammt von „lot" (Los).

Von Italien aus verbreitete sich das Zahlenlotto sehr schnell über ganz Europa.

1707 wurde es zum ersten Mal in Deutschland ausgespielt und zwar in dem niedersächsischen Städtchen Schöppenstedt.

Danach wurde es in verschiedenen Versionen an Fürstenhöfen angeboten. Das Lotto war für die Fürsten eine bedeutende Einnahmequelle. Bayern gliederte im Jahre 1735 der Lotterieverwaltung eine „Lotto -Cammer" an. Österreich führte 1751 ein Zahlenlotto ein, Preußen im Jahre 1763, Hamburg 1770 und Württemberg 1772. Die Lotterien wurden wegen der hohen Einnahmequellen bald verstaatlicht. Gegen Ende des 18. Jahrhunderts war die Anzahl der Lottoanstalten bereits auf über dreißig angewachsen.

Beim Zahlenlotto „5 aus 90" gab es zunächst verschiedene Tippmöglichkeiten. Man konnte aus den 90 Zahlen wahlweise nur eine Zahl (Auszug), zwei Zahlen (Ambe), drei Zahlen (Terne), vier Zahlen (Quaterne) oder fünf Zahlen (Quinterne) tippen. Anfangs gab es garantierte Gewinnquoten. Für jede Kombination wurde vor der Ziehung das Verhältnis zwischen Einsatz und Gewinn festgelegt. Die garantierten Quoten führten bei den Betreibern des Öfteren zu hohen Verlusten. So musste der Preußenkönig öfters finanziell aushelfen, wenn die Ausschüttungssumme die gesamten Einnahmen überstieg.

In Bayern endete das erste Lotto-Projekt sogar mit einem Fiasko für die Kasse des Kurfürsten. Bereits in der fünften Ausspielung wurde eine Terne gezogen, deren Gewinn alle bisherigen Einnahmen deutlich überstieg.

Das Problem der festen Quoten wurde also sehr früh erkannt. Daher wurden im Laufe der Zeit die Quoten so festgesetzt, dass Verluste für die Veranstalter unwahrscheinlich wurden. Manche Kombinationen wurden gar nicht mehr zugelassen. Bei garantierten Quoten konnten Verluste der Betreiber aber nie ganz ausgeschlossen werden, insbesondere wenn die Gewinnreihe bei den Spielern sehr beliebt war. Dieses Risiko wurde schließlich dadurch beseitig, dass in den einzelnen Gewinnklassen die Ausschüttungssummen begrenzt wurden. Damit hingen die Quoten von der Anzahl der Gewinne in den jeweiligen Gewinnklassen ab. Zum Schutz der Bevölkerung vor finanziellen Verlusten wurde in Deutschland das Lottospiel von 1862 bis 1945 verboten.

Am 11. Januar 1953 führte die Klassenlotterie Berlin ein modifiziertes Genueser Lotto „5 aus 90“ mit 43.949.268 verschiedenen Tippmöglichkeiten ein. Dabei gab es vier Gewinnklassen. 50 % der Spieleinsätze wurden ausgeschüttet. Vom Reingewinn wurden ungefähr 15 % für soziale und kulturelle Zwecke an die Stadt Berlin abgeführt. Weil Tipps auch per Post abgegeben werden konnten, stand das Berliner Lotto Personen aus allen Bundesländern offen. Ungefähr die Hälfte des Einsatzes kam aus den westdeutschen Bundesländern. Diese fühlten sich finanziell benachteiligt und gingen gegen diese Monopolstellung gerichtlich vor. Als Antwort darauf beschloss der Senat von Berlin, das Lottospiel auf das Stadtgebiet von Berlin zu begrenzen.

In der DDR wurde ab November 1953 von der Berliner Zahlenlotterie ein „5 aus 90“- Lotto veranstaltet. 1965 wurde es auf „6 aus 45“ umgestellt. 1972 kam das Tele-Lotto in der Form „5 aus 35“ hinzu.

Im Jahr 1955 gründeten die Länder Hamburg, Nordrhein-Westfalen und Schleswig-Holstein das Nordwest-Lotto. Anstelle „5 aus 90“ wurde allerdings das bis heute gespielte „6 aus 49“-Lotto gewählt.

Noch vor Beginn des Spielbetriebs trat Bayern durch einen Blockvertrag dem Nordwest-Lotto bei. Dadurch entstand das Nord-Süd-Lotto. Bis 1959 kamen auch die übrigen Bundesländer sowie Berlin dazu. Damit war der Deutsche Lottoblock gegründet. Nach der Wiedervereinigung Deutschlands schlossen sich auch die neuen Bundesländer an.

Als erste Gewinnzahl wurde übrigens die Zahl 13 gezogen.

Am Samstag, den 4. September 1965, wurde die Ziehung der Lottozahlen erstmals im Fernsehen live übertragen. Seit dem 3. Juli 2013 wird die **Samstagsziehung** von Saarbrücken aus samstags ab etwa 19:10 Uhr im Internet auf www.lotto.de live ausgestrahlt und steht dort zum Abruf bereit. In der ARD werden die Ergebnisse um 19:57 Uhr bekannt gegeben (Stand 2014).

Der Einsatz für eine Reihe betrug zunächst 50 Pfennig. Im Jahre 1981 wurde der Einsatz auf 1 DM verdoppelt, 1991 erfolgte eine Erhöhung auf 1,25 DM und 1999 auf 1,50 DM. Im Jahr 2002 wurde mit der Einführung des Euro der Einsatz pro Tippreihe auf 0,75 Euro festgelegt. Zum 4.5.2013 wurde der Einsatz auf 1 Euro erhöht.

Zu Beginn gab es nur vier Gewinnklassen. Gewonnen hatte, wer in einer Tippreihe von den sechs Gewinnzahlen drei, vier, fünf oder alle sechs richtig getippt hatte. Am 2. September 1956 gab es den ersten Millionengewinn mit 1.043.364,50

DM für einen Sechser. Daraufhin erfolgte eine Gewinnbegrenzung auf 500.000 DM. 1974 wurde die Begrenzung für den Höchstgewinn auf 1,5 Millionen DM, 1981 auf 3 Millionen DM angehoben. 1985 fiel die Begrenzung ganz weg.

Weil anfangs die erste Gewinnklasse oft nicht besetzt war, wurde im Jahr 1956 die **Zusatzzahl** eingeführt. Die Zusatzzahl konnte nicht getippt werden. Gewinnentscheidend war, ob sich die Zusatzzahl unter den sechs getippten Zahlen befand. Falls es bei einer Ziehung einen Sechser gab, war die Zusatzzahl zunächst noch bedeutungslos. Bei einer Ziehung ohne Sechser wurde der für die Sechser zur Verfügung stehende Ausschüttungsbetrag unter denjenigen Gewinnern aufgeteilt, welche fünf Gewinnzahlen und die Zusatzzahl richtig getippt hatten. Kurze Zeit später wurden allgemein die Überschüsse, die wegen der Gewinnbeschränkung in der Gewinnklasse 1 entstanden, unter denjenigen Personen zusätzlich aufgeteilt, welche fünf Gewinnzahlen und die Zusatzzahl richtig getippt hatten. Im Jahre 1962 wurde zusätzlich die Gewinnklasse „5 Richtige mit Zusatzzahl" eingeführt. Die Anzahl der Gewinnklassen wurde damit von vier auf fünf erhöht. Seit dem 7.12.1991 gibt es auch die Gewinnklasse „3 Richtige mit Zusatzzahl". Bei 4 Richtigen war die Zusatzzahl immer noch belanglos. Somit war es nur noch eine Frage der Zeit, bis schließlich am 22.5.1999 auch noch die Gewinnklasse „4 Richtige mit Zusatzzahl" eingeführt wurde. Seither erhöhte die Zusatzzahl bei 3, 4 und 5 richtig getippten Gewinnzahlen fast immer die Quoten.

Im Jahre 1982 wurde neben dem Lotto am Samstag das **Mittwochslotto** eingeführt.

Zunächst wurden aus 38 Zahlen sieben Gewinnzahlen gezogen. Bei diesem „7 aus 38"-Lotto gab es insgesamt 12.620.256

verschiedene Tippmöglichkeiten. Der Einsatz pro Tippreihe betrug zunächst 0,50 DM. 1986 wurde das Lotto am Mittwoch auf die heutige „6 aus 49“-Form umgestellt. Dabei fanden zunächst bei diesem „6 aus 49“-Mittwochslotto zwei Ziehungen statt. Mit einem Einsatz von 1 DM nahm jede getippte Reihe gleichzeitig an den beiden Ziehungen A und B teil. Zunächst wurden die Quoten für beide Ziehungen getrennt ausgewiesen. Der Spieleinsatz für eine Tippreihe, die weiterhin gleichzeitig an beiden Mittwochsziehungen teilnahm, wurde 1995 von 1 DM auf 1,25 DM erhöht. Dabei wurden auch die Gewinnquoten für beide Mittwochsziehungen zusammengelegt. Im Jahr 2000 wurde schließlich der Einsatz für jede abgegebene Tippreihe einheitlich auf 1,50 DM, nach der Euro-Einführung auf 0,75 Euro festgelegt. Seit dem 6.12.2000 gibt es beim Mittwochslotto nur noch eine Ziehung. Diese wird seit dem 3. Juli 2013 mittwochs ab ca. 18:10 Uhr im Internet live auf www.lotto.de ausgestrahlt und steht dort zum Abruf bereit. Die Ziehungsergebnisse werden z. Zt. im ZDF um 18:54 Uhr vor der „heute“-Sendung bekannt gegeben.

1985 wurde im Zusammenhang mit der Abschaffung der Gewinnbeschränkung der **Jackpot** eingeführt.

„Jack“ ist der amerikanische Name für den Buben im Kartenspiel.

Ein Jackpot entsteht dann, wenn eine Gewinnklasse nicht besetzt ist und die dafür vorgesehene Ausschüttungssumme der Ausschüttung der gleichen Klasse in der nächstfolgenden Veranstaltung zugeschlagen wird. Zunächst wurden für das Samstagslotto und für beide Ziehungen beim Mittwochslotto getrennte Jackpots geführt. Ein Jackpot am Samstag wurde der nächsten Samstagsziehung zugewiesen, ein Jackpot der

Ziehung A bzw. B am Mittwoch der entsprechenden Ziehung am darauf folgenden Mittwoch. Nach der Quotenzusammenlegung für die Ziehungen A und B gab es für das Mittwochslotto nur noch einen Jackpot. Am 6.12.2000 erfolgte schließlich die **vollständige Anpassung des Mittwochs-** an das **Samstagslotto**. Seither gibt es für alle Ziehungen nur noch einen einzigen Jackpot. Es findet jeweils eine Übertragung auf die nächste Ziehung statt, also vom Samstag auf den nachfolgenden Mittwoch und vom Mittwoch auf den darauf folgenden Samstag. Inzwischen gibt es eine zeitliche Begrenzung des Jackpots. Nach 12 Ziehungen ohne Gewinn in Klasse 1 wird der Jackpot in der darauf folgenden Ziehung, also in der 13. Ziehung, auf jeden Fall aufgelöst. Falls es in Klasse 1 keinen Gewinn gibt, wird der Jackpot unter den Gewinnen der Klasse 2 zusätzlich ausgeschüttet. Wenn auch die Klasse 2 nicht besetzt ist, geht der Jackpot in die Klasse 3. Sollte auch diese Klasse nicht besetzt sein, so geht er in die nächste Klasse usw. Der Jackpot wird also nach unten weitergereicht.

Nach der Wiedervereinigung Deutschlands kam wegen der höheren Spieleinsätze selten ein Jackpot zustande. Aus diesem Grund wurde 1991 die **Superzahl** eingeführt. Die letzte Ziffer der Losnummer auf dem Lottoschein ist die getippte Superzahl. Sie wird aus den 10 Zahlen 0 , 1 , 2 , ... , 9 ausgespielt. Bei 6 richtigen Gewinnzahlen und der richtigen Superzahl gibt es einen Gewinn in Klasse 1, ein Sechser ohne richtige Superzahl gewinnt in Klasse 2. Bei den übrigen Gewinnklassen hatte die richtig getippte Superzahl keinen Einfluss auf die Gewinnquote, hier war noch die Zusatzzahl maßgebend. Beim Lotto am Samstag gab es immer nur eine einzige Superzahl. Als am Mittwoch noch zwei Ziehungen erfolgten, wurden hier zwei verschiedene Superzahlen gezogen. Wenn die getippte Superzahl mit einer der beiden gezogenen Mittwochs-Superzahlen übereinstimmte, wurde aus einem Sechser ein Sechser mit Superzahl. Heute sind Samstags- und Mittwochslotto ja vollständig angepasst.

Seit dem 4.5.2013 gibt es keine Zusatzzahl mehr. Sie wurde allgemein durch die Superzahl ersetzt.

Inzwischen führten alle Bundesländer das **Online-Verfahren** ein. Dadurch wird eine direkte Verbindung zwischen den einzelnen Lotto-Verkaufsstellen (Annahmestellen) und dem Zentralcomputer der Lottogesellschaft des jeweiligen Bundeslandes hergestellt. Die Spielscheine werden von einem Terminal eingelesen und sofort an den Zentralcomputer weitergeleitet. Dabei werden die vom Spieler ausgefüllten Tippscheine gleichzeitig auf Korrektheit überprüft. Fehlermeldungen mit möglichen Korrekturen garantieren eindeutig festgelegte Tippreihen mit jeweils sechs Zahlen. Mit Hilfe eines Zufallszahlengenerators können auch **Quicktipps** abgegeben werden, bei denen die Tippreihen zufällig ausgewählt werden. Für die abgegebenen Tippreihen wird eine **Spielquittung** ausgestellt, auf der alle getippten Reihen registriert sind. Durch die Einführung des Online-Systems konnte der Annahmeschluss verlängert werden. Die Abgabe der Tippreihen ist inzwischen auch im Internet möglich. Dazu ist eine personelle Registrierung erforderlich.

Seit dem 4.5.2013 gibt es wesentliche Änderungen beim Lotto.

- Allgemein wurde die Zusatzzahl durch die Superzahl ersetzt.
- Zusätzlich zu den bisherigen acht Gewinnklassen wurde die Gewinnklasse 9 eingeführt. In dieser Klasse 9 gewinnt eine Tippreihe mit zwei Gewinnzahlen und der richtigen Superzahl. Hierfür gibt es die feste Quote von 5 Euro.

- Der Spieleinsatz pro Tippreihe erhöhte sich von 0,75 Euro auf 1 Euro.
- Die Quotenverteilung wurde zugunsten der Gewinnklasse 1 geändert. Die theoretische Quote in Klasse 1 erhöhte sich von 5.243.931,00 Euro auf 8.949.642,20 Euro, also um 70,7 %, während der Reiheneinsatz nur um 33,33 % angehoben wurde. Damit werden die Jackpots wesentlich höher. Diese Erhöhung geht natürlich zu Lasten der Quoten in den übrigen Gewinnklassen.

Am Samstag, den 7.10.2006, gab es den bisher höchsten Einzelgewinn in Höhe von 37.688.291,80 Euro. Den bisher höchsten Jackpot von 45.382.458 Euro gab es am Mittwoch, den 5.12.2007 (Stand November 2014).

Am Samstag, den 23.1.1988, wurde der erste große Jackpot gleich 222-Mal geknackt mit einer Quote von 84.803,90 DM, also 43.359,20 Euro. Die Gewinnreihe lautete 24 25 26 30 31 32. Eine Superzahl gab es damals noch nicht. Der Grund für die große Anzahl von Sechsern liegt darin, dass die sechs Gewinnzahlen im quadratischen Tippfeld ein Parallelogramm darstellten. Dieser Mustertipp war sehr beliebt. Ohne den Jackpot aus der vorangegangenen Samstagsziehung hätte die Quote in Klasse 1 sogar nur 50.990,30 DM betragen.

Verwendung der Spieleinsätze beim Lotto

• Gewinnausschüttung	50,0 %
• Zweckerträge	23,0 %
• Lotteriesteuer (im jeweiligen Bundesland)	16,7 %
• Provision für die Annahmestellen	7,5 %
• Provision der Lotto-Gesellschaften	2,8 %

Die **Zweckerträge** werden im sozialen Bereich, für die Kunst- und Kulturförderung, für die Denkmalpflege und zur Sportförderung eingesetzt, vor allem für die Jugendarbeit.

Seit 1975 kann mit jedem Lotto-Spielschein zusätzlich an der Lotterie **Spiel 77** teilgenommen werden. Als getippte 7-stellige Zahl gilt die auf dem Spielschein abgedruckte Losnummer.

1991 kam die Lotterie **Super 6** hinzu. Hier gelten die letzten 6 Ziffern der Losnummer als getippt.

Seit 1991 ist auch eine Teilnahme an der Lotterie **Glücks-Spirale** möglich. Hier gilt die 7-stellige Losnummer des Tippscheins. Bei dieser Lotterie gibt es nur samstags eine Ziehung.

Im Jahr 2004 wurde die Lotterie **KENO** eingeführt. Hier findet täglich eine Ziehung statt. In einer Tippreihe können von den 70 Zahlen 1, 2, ... , 70 wahlweise zwei bis 10 Zahlen getippt werden. Auch der Einsatz pro Tippreihe ist variabel. Dabei gibt es folgende Einsatzmöglichkeiten: 1 , 2 , 5 und 10 Euro. Aus den 70 Zahlen werden 20 gezogen. Zusätzlich kann man mit einem Einsatz von 0,75 Euro an der Lotterie **plus 5** teilnehmen. Zur Teilnahme an dieser Lotterie ist wie bei den Sportwetten eine **Spielkarte** erforderlich, die nach einer Registrierung ausgestellt wird.

Seit dem 23.3.2012 gibt es die Lotterie **EuroJackpot**. Zunächst nahmen die sieben Länder Dänemark, Deutschland mit allen alle 16 Bundesländern, Estland, Finnland, Italien, Niederlande und Slowenien teil. Zum 16. Juni 2012 kam Spanien hinzu, und zum 10.10.2014 Ungarn und Tschechien. Der Einsatz pro Tippreihe kostet 2 Euro (Stand 2014). Hier werden aus den 50 Zahlen 1, 2, 3, ... , 50 fünf Gewinnzahlen gezogen. Zusätzlich wurden aus den acht Eurozahlen 1, 2, ... , 8 (Superzahlen) zwei gezogen. Zum 10.10.2014 wurde die Anzahl der Eurozahlen auf 10 erhöht. Bei dieser Lotterie gibt es einen garantierten Jackpot von mindestens 10 Mio. Euro. Der Jackpot ist auf 90

Mio. Euro begrenzt. Die Ziehung erfolgt in der Regel jeweils am Freitag um 21 Uhr in Helsinki. Ab 23 Uhr wird die Ausstrahlung für die Teilnehmerländer freigegeben (Stand 2014).

Seit 2004 gibt es die Lotterie **EuroMillionen (EuroMillions)**. An dieser Lotterie nimmt Deutschland nicht teil. Inzwischen beteiligen sich die Länder Belgien, Frankreich, Großbritannien, Liechtenstein, Luxemburg, Österreich, Portugal, Schweiz und Spanien. Der Reiheneinsatz beträgt 2 Euro (Stand 2014). Aus den 50 Zahlen 1, 2, 3, ... , 49, 50 werden fünf gezogen. Zusätzlich werden aus den 11 Sternzahlen 1, 2, ... , 10, 11 (Superzahlen) zwei gezogen. Die Ziehungen erfolgen jeweils am Dienstag und Freitag um 21.30 Uhr in Paris. Hier gibt es einen garantierten Jackpot von mindestens 15 Mio. Euro. Der Jackpot ist auf 190 Mio. Euro begrenzt.

Zusammenfassung

Das **Zahlenlotto** wurde vermutlich um 1620 in Genua erfunden. Zunächst wurde in Italien ein „5 aus 90"-Lotto gespielt. Inzwischen erfolgte in Italien eine Umstellung auf das „6 aus 90"-Lotto.

Das **„6 aus 49"-Lotto** wurde vom Deutschen Lottoblock erstmals am 9.10.1955 angeboten. Dabei wurden im Laufe der Zeit verschiedene Änderungen vorgenommen.

Inzwischen kamen folgende Lotterien hinzu: **Spiel 77**, **Super 6**, **GlücksSpirale**, **Keno** mit **Plus 5** sowie der **EuroJackpot**.

An der Lotterie **EuroMillionen** nimmt Deutschland nicht teil.

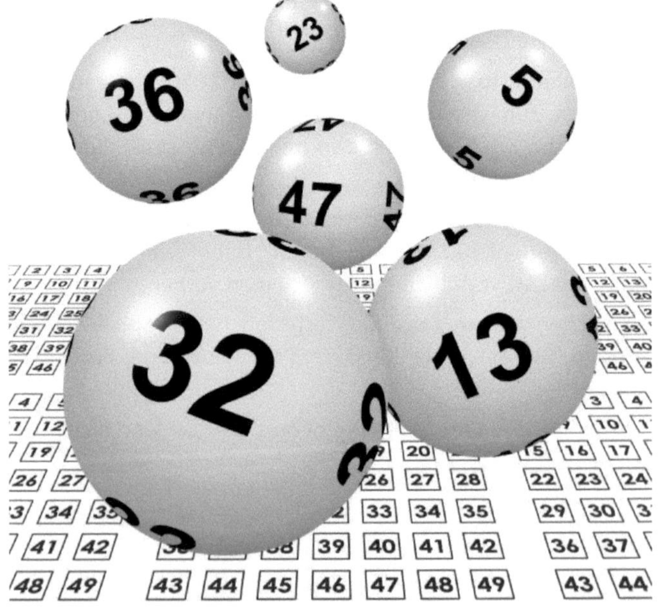
23
36
5
47
32
13

2 Spielregeln beim Lotto und Lottoziehungen

Tippmöglichkeiten

Zum Lottospielen benötigt man in der Regel einen Lotto-Schein. Dieser enthält 14 Tippfelder (Spielfelder). In jedem Tippfeld sind die 49 Zahlen quadratisch angeordnet. Jedes einzelne Feld besteht aus 7 Zeilen und 7 Spalten mit jeweils 7 Zahlen. In jedem Spielfeld können sechs Zahlen angekreuzt werden. Als getippte Superzahl gilt die letzte Ziffer der auf dem Spielschein aufgedruckten 7-stelligen Losnummer. Durch geeignete Auswahl des Spielscheins kann jede beliebige Superzahl getippt werden. Beim Tippen im Internet kann die Losnummer, also auch die Superzahl, direkt eingegeben werden. Für sämtliche auf einem Schein getippten Reihen ist damit die gleiche Superzahl getippt. Seit dem 4.5.2013 beträgt der Spieleinsatz pro Tippreihe 1 Euro. Von 2002 an bis zu diesem Termin betrug der Reiheneinsatz 0,75 Euro. Hinzu kommen noch Gebühren. Ein Spielschein kann für eine einzige Ziehung abgegeben werden. Man muss dann die gewünschte Mittwochs- oder Samstagsziehung ankreuzen. Auch kann eine Laufzeit von mehreren Wochen gewählt werden, jeweils für den Mittwoch oder den Samstag oder gleichzeitig für beide Wochenziehungen. Die maximale Laufzeit schwankt in den einzelnen Bundesländern zwischen 5 und 10 Wochen. Tippscheine können in den offiziellen Lotto-Verkaufsstellen (Annahmestellen) oder auch im Internet abgegeben werden. Beim online-Tippen im Internet ist eine Registrierung erforderlich.

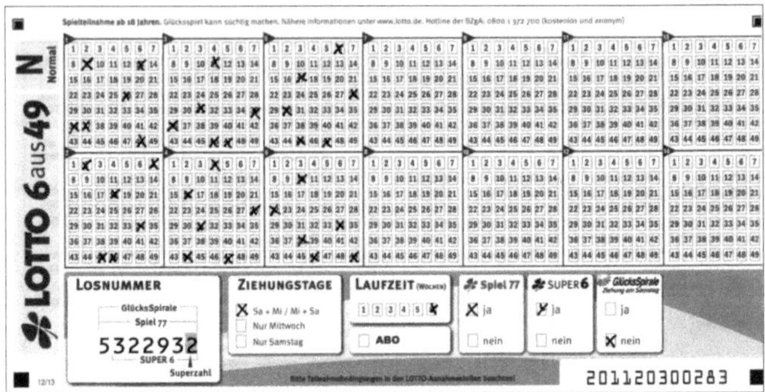

Abb. 1: Spielschein

Zusätzlich zum Lotto kann an den Lotterien „**Spiel 77**" (Einsatz 2,50 Euro), „**Super 6**" (Einsatz 1,25 Euro) und **Glücks-Spirale** (Einsatz 5,00 Euro, Ziehung nur samstags) teilgenommen werden (s. Kapitel 7). Zusätzliche Gebühren entstehen dabei nicht.

Beim Tippen im Internet wird eine Tippreihe nur dann akzeptiert, wenn sie genau 6 Zahlen enthält. Es sind also direkte Korrekturen erforderlich.

In den Annahmestellen wird der ausgefüllte Tippschein mit Hilfe des **Online-Verfahrens** eingelesen und direkt an den Zentralcomputer der Lottogesellschaft im jeweiligen Bundesland weitergeleitet. Dabei kann eine **Lotto-Kundenkarte (Lotto-Service Card)** vorgelegt werden. Dazu mehr im Kapitel Gewinnauszahlung. Falls beim Einlesen des Tippscheins ein Kreuzchen nicht eindeutig zugeordnet werden kann, erscheint eine Fehlermeldung mit Korrekturmöglichkeit. Eine Fehlermeldung erscheint auch, wenn in einem Tippfeld weniger oder mehr als sechs Zahlen angekreuzt sind. Dabei gibt es folgende Möglichkeiten zur Fehlerbeseitigung: Fehlende Zahlen können direkt eingegeben werden. Von den zu viel getippten Zahlen können beliebige gestrichen werden, bis die

Tippreihe auf sechs Zahlen reduziert ist. In einer Annahmestelle können die Korrekturen auf Wunsch auch direkt durch das Lesegerät vorgenommen werden. Dies geschieht dann durch folgende Vorschrift: Wenn in einem Feld mehr als sechs Zahlen angekreuzt sind, werden nur die ersten sechs gekennzeichneten Zahlen als Tippreihe übernommen. Die zu viel getippten Zahlen werden gestrichen. Sind in einem Tippfeld weniger als sechs Zahlen angekreuzt, so werden ohne Korrekturwunsch die fehlenden Zahlen von der höchsten getippten Zahl an in aufsteigender Reihenfolge fortlaufend ergänzt. Falls dies nicht mehr möglich ist (z. B. wenn die 49 schon dabei ist), so werden die fehlenden Zahlen durch die höchsten nicht gespielten Zahlen ergänzt. Wenn in einem Tippfeld nur die Zahl 1 angekreuzt ist, ergibt dies bei der automatischen Korrektur die Tippreihe 1 2 3 4 5 6. Ferner wird geprüft, ob in dem Teilnahmefeld der Zusatzlotterien „ja“ oder „nein“ angekreuzt ist.

Nach erfolgreichem Einlesen des Spielscheins wird eine **Spielquittung** ausgestellt. Darin sind enthalten: Die endgültig getippten Reihen, Teilnahme am Samstags- bzw. Mittwochslotto, Laufzeit, Losnummer, Teilnahme oder Nichtteilnahme an den zusätzlichen Lotterien. Nur die auf der Quittung ausgedruckten Reihen gelten als getippt. Der eingelesene Tippschein kann nicht gewertet werden, auch wenn tatsächlich ein Übertragungsfehler stattgefunden haben sollte. Ein ausgefüllter Tippschein kann später wieder zum Einlesen verwendet werden. Die Spielquittung sollte sorgfältig aufbewahrt werden.

Die Mühe des Ausfüllens eines Lotto-Scheins kann man sich dadurch ersparen, dass auf Wunsch des Teilnehmers die Tippreihen mit Hilfe eines Zufallszahlengenerators als **Quicktipps** erzeugt werden.

Annahmeschluss für die Samstagsziehung ist samstags um 19:00 Uhr, für die Mittwochsziehung mittwochs um 18:00 Uhr (Stand 2014).

Ziehungen der Lottozahlen

Ziehungstermine

Die Ziehung wird seit dem 3.Juli 2013 mittwochs ab etwa 18.10 Uhr und samstags ab ca. 19.10 Uhr auf www.lotto.de live ausgestrahlt und steht dort zum Abruf bereit. Die Ziehungsergebnisse werden samstags in der ARD um 19.57 Uhr vor der „Tagesschau" und mittwochs um 18.54 Uhr vor der „heute"-Sendung bekannt gegeben (Stand 2014).

Durchführung der Ziehung

Vor jeder Ziehung werden 49 gleichartige Kugeln mit den aufgedruckten Zahlen 1 , 2 , 3 , ... , 49 in das Ziehungsgerät gebracht. Weil die beiden Zahlen 6 und 9 durch Drehung ineinander übergehen, steht zu ihrer eindeutigen Unterscheidung neben der Zahl ein Punkt, also 6. und 9. Vor der Ziehung wird der ordnungsgemäße Zustand des Ziehungsgerätes von einem Ziehungsbeamten festgestellt.

Nach reichlichem Mischen wird 6-Mal hintereinander eine **Gewinnzahl** gezogen. Weil die Reihenfolge der Ziehung der Gewinnzahlen keine Rolle spielt, werden die sechs Gewinnzahlen anschließend der Größe nach angeordnet. Bis zum 1.5.2013 wurde anschließend aus den restlichen 43 Kugeln die **Zusatzzahl (ZZ)** gezogen. Seit dem 4.5.2013 gibt es keine Zusatzzahl mehr. Diese wurde durch die **Superzahl (SZ)** ersetzt. Die Superzahl wird in einem separaten Ziehungsgerät aus 10 Kugeln mit den aufgedruckten Ziffern 0, 1, 2, ... , 9 gezogen.

Amtliche Bekanntgabe des Ziehungsergebnisses

Kurz nach der Ziehung erfolgt in vielen Medien die Bekanntgabe des Ziehungsergebnisses. Die Veröffentlichung erfolgt dabei mit dem Hinweis „ohne Gewähr". Der Ausschluss der Gewährleistung hat folgende Gründe:

a) Bei der Übermittlung der Zahlen könnten Übermittlungsfehler aufgetreten sein.
b) Bei der Ziehung der Zahlen könnte eine Panne passiert sein, die erst nach der live-Übertragung festgestellt wird.

Falls jemand mit einer solchen irregulären Gewinnreihe gewonnen hätte, gibt es keinen Gewinnanspruch.

Ein Ziehungsergebnis ist erst dann amtlich, wenn es vom Ziehungsleiter und Aufsichtsbeamten bestätigt, also für amtlich erklärt wird.

Wiederholung einer Lottoziehung

Am Mittwoch, den 3.4.2013, wurde vom ZDF um 18.50 Uhr die Ziehung der Lottozahlen live ausgestrahlt. Von der Moderatorin („Lottofee") wurde die gezogene Reihe 3 8 11 26 32 40; ZZ 9; SZ 4 verkündet. Danach wurde die Übertragung beendet. Diese Reihe wurde unmittelbar nach der Ziehung in verschiedenen Medien bekanntgegeben. Bei dieser Ziehung ging es immerhin um einen Jackpot von über 11 Mio. Euro. Um 19.17 Uhr wurde in der „heute"-Sendung von einer Panne bei der Ziehung der Lottozahlen berichtet. Gleichzeitig wurde die Ziehung für ungültig erklärt.

Um 20 Uhr gab Lotto Rheinland-Pfalz das Ergebnis der Wiederholungsziehung bekannt mit der amtlichen Gewinnreihe 16 21 23 29 31 38; ZZ 24; SZ 4.

Was war passiert? Erst nach der Ziehung wurde festgestellt, dass die Kugeln mit den Nummern 46 und 47 fehlten.

Eine Nachprüfung ergab, dass sich diese beiden Kugeln noch im Schlitten befanden, also nicht in das Ziehungsgerät gelangt sind. Daher musste diese „6 aus 47"-Ziehung für ungültig erklärt werden.

Sehr peinlich war, dass von niemandem diese Panne zu Beginn der Ziehung oder unmittelbar nach der Ziehung der ersten Kugeln bemerkt wurde. Sonst hätte die Ziehung sofort gestoppt und wiederholt werden können. Als Gründe wurden vorgebracht: Wegen Lichtreflexen sei der Fehler nicht erkennbar gewesen oder in keiner Kamera-Einstellung hätte man den Fehler erkennen können. Dann wundert mich allerdings die Tatsache, dass am nächsten Tag von einem Fernsehsender ein Bild veröffentlicht wurde, in dem deutlich erkennbar war, dass sich noch zwei Kugeln im Schlitten hinter dem Ziehungsgerät befanden. Hier hat wohl die Aufsichtspflicht nicht optimal funktioniert. Hoffen wir, dass es eine solche Panne nie wieder geben wird.

Wer mit dieser „falschen" Gewinnreihe einen größeren Gewinn erzielt hätte, war natürlich sehr verärgert. In der Presse hatte sich auch eine Person gemeldet, die nachweislich in der ersten Ziehung einen Sechser ohne Superzahl erzielt hätte. Auch sind mehrere Personen mit einem Fünfer in der ersten Ziehung bekannt geworden. Eine Entschädigung für die vermeintlichen Gewinner gab es nicht. Ein kleiner Trost: Wenn sich bei der 1. Ziehung die beiden fehlenden Kugeln im Ziehungsgerät befunden hätten, wäre vermutlich eine andere Gewinnreihe gezogen worden. Bei der Wiederholungsziehung gab es keinen Sechser, weder einen mit noch einen ohne Superzahl. Bei dieser Panne gab es aber auch Gewinner, nämlich diejenigen Personen, die in der regulären 2. Ziehung einen Gewinn erzielt haben.

Gewinnauszahlung

Die **Gewinnauszahlung** erfolgt von der Lottogesellschaft desjenigen Bundeslandes, in dem der Spielschein abgegeben wurde. Falls jemand den Schein in einem anderen Bundesland eingezahlt hat, z.B. im Urlaub oder auf einer Reise, so muss er sich im Gewinnfall mit der Lottogesellschaft dieses Bundeslandes in Verbindung setzen. Anschrift und Telefonnummer befinden sich auf der Rückseite der Spielquittung. An diese Adresse muss das Original der Spielquittung gesendet werden. Gleichzeitig ist die Angabe eines Bankkontos erforderlich, auf das der Gewinn überwiesen werden soll.

Auszahlung von Kleingewinnen

Gewinne bis zu einer bestimmten Grenze werden in der Regel vom Mittag des ersten Werktags nach der Ziehung an gegen Abgabe der Spielquittung in jeder Annahmestelle bar ausgezahlt. Falls die Annahmestelle nicht über den Betrag verfügt, kann sie eine Überweisung auf ein vom Gewinner benanntes Konto vornehmen. Die Höchstgrenzen für Kleingewinne sind in den Bundesländern allerdings verschieden. Sie liegt zwischen 500 und 5.000 Euro. Diese Grenze liegt z.B. in Berlin bei 500 Euro, in Baden-Württemberg bei 1.000 Euro und in Hessen bei 5.000 Euro. Die in Ihrem Bundesland gültige Höchstgrenze können Sie in den Annahmestellen erfahren. Bei Mehrfachspielscheinen wird dann für die restliche Laufzeit eine Ersatzquittung ausgestellt. Wenn bei der Abgabe des Tippscheins eine **Lotto-Kundenkarte** vorgelegt wurde, werden Kleingewinne auf das angegebene Konto überwiesen, falls diese nicht nach 5 bzw. 6 Wochen von einer Annahmestelle ausgezahlt wurden. Auch hier gibt es in den einzelnen Bundesländern unterschiedliche Fristen.

Auszahlung von Großgewinnen

Gewinne über der Höchstgrenze werden von der zuständigen Lottogesellschaft ausgezahlt. Dazu müssen Gewinnansprüche geltend gemacht werden. Anmeldeformulare können auch in den Annahmestellen nach dem Einlesen der Spielquittung ausgefüllt werden. Doch in diesem Fall erfährt die Annahmestelle von dem Gewinn. Um dies zu verhindern, muss man sich direkt mit der Lotto-Gesellschaft in Verbindung setzen. Dort werden die Personalien festgestellt. Nur dadurch erfolgt eine Auszahlung und zwar frühestens eine Woche nach der Ziehung. Dabei ist eine vertrauliche Behandlung gewährleistet. Nur solche Daten werden öffentlich gemacht, die keinen eindeutigen Schluss auf die Gewinnperson zulassen. Bekannt gegeben werden meistens nur das Bundesland und der Wohnort, falls es sich um eine größere Stadt handelt. Weitere Details dürfen nur mit ausdrücklicher Zustimmung in die Öffentlichkeit gelangen. Bei einem großen Gewinn sollte unbedingt darauf geachtet werden, dass nur wenige Personen davon erfahren. Falls mit einer **Lotto-Kundenkarte** getippt wurde, werden Großgewinne von der Lotto-Gesellschaft direkt auf das angegebene Konto überwiesen, Großgewinne bis einschließlich 100.000 Euro ab dem 3. Werktag und Gewinnbeträge über 100.000 Euro ab dem 9. Werktag nach der Ziehung. Bei Gewinnen über 5.000 Euro erfolgt außerdem eine schriftliche Benachrichtigung. Eine Lotto-Kundenkarte hat den Vorteil, dass Gewinne auch dann gesichert sind, wenn der Spielschein verloren gehen sollte. Bei Kleingewinnen besteht allerdings die Gefahr, dass von einem Finder der Spielschein in einer Annahmestelle anonym eingelöst wird.

Falls ein Kleingewinn übersehen wird, erfolgt über die Lotto-Kundenkarte automatisch eine Auszahlung.

Verjährung von Gewinnansprüchen

Alle Ansprüche auf Auszahlung von Gewinnen erlöschen, wenn sie nicht innerhalb von 13 Wochen nach dem Ziehungstag geltend gemacht werden. Nicht ausgezahlte Gewinne werden an das jeweilige Bundesland abgeführt oder für Zusatz- bzw. Sonderauslosungen verwendet.

Besteuerung von Lottogewinnen

In **Deutschland** sind Gewinne aus Lotto, Toto, Sportwetten, Lotterien, Roulette und Geldautomaten derzeit **steuerfrei**. Aus Gewinnen erzielte Einnahmen sind jedoch wie andere Einnahmen steuerpflichtig. Gewinne aus Quizshows bei Fernsehsendungen, z.B. „Wer wird Millionär“, müssen jedoch nach der neuen Rechtssprechung des Bundesfinanzhofes versteuert werden. Als Begründung wird dabei angegeben, dass es sich hier um ein Geschicklichkeitsspiel handelt, bei dem im weitesten Sinne eine „Arbeit“ vorliege.

In **Österreich** sind Spielgewinne wie in Deutschland steuerfrei.

In der **Schweiz** wird bei allen Gewinnen über 50 Franken bei der Auszahlung eine Verrechnungssteuer von 35 % abgezogen. Bei einer Deklaration des Gewinns in der Einkommensteuererklärung wird die gezahlte Steuer dann angerechnet.

Zusammenfassung

In diesem Kapitel werden die Spielregeln beim Zahlenlotto sowie der Ausspielungsmodus erläutert.

Ferner wird die Auszahlung und Besteuerung der Gewinne erläutert.

3 Chancen und Prognosen

Ziehungschancen der einzelnen Zahlen

Aufgrund der Art des Ziehungsgerätes und der Art der Ziehungsdurchführung kann davon ausgegangen werden, dass bei jeder Ziehung jede noch im Ziehungsgerät befindliche Kugel die gleiche Chance hat, gezogen zu werden. Eventuelle Unterschiede der Kugeln sind so gering, dass sie sich statistisch nicht bemerkbar machen.

Ziehungshäufigkeit beim Samstagslotto bis zum 6.4.2013

1 371	**2** 382	**3** 382	**4** 365	**5** 371	**6** 389	**7** 369
8 337	**9** 379	**10** 363	**11** 376	**12** 357	**13** 303	**14** 344
15 346	**16** 347	**17** 379	**18** 367	**19** 365	**20** 351	**21** 376
22 373	**23** 344	**24** 366	**25** 373	**26** 392	**27** 381	**28** 340
29 360	**30** 351	**31** 379	**32** 401	**33** 389	**34** 349	**35** 370
36 379	**37** 371	**38** 393	**39** 374	**40** 367	**41** 377	**42** 382
43 373	**44** 355	**45** 323	**46** 352	**47** 360	**48** 383	**49** 424

Bis zum 6.4.2013 gab es insgesamt 3.000 Samstagsziehungen. In der obenstehenden Tabelle sind die Ziehungshäufigkeiten der einzelnen Zahlen aufgeführt, also die Anzahl der Ziehungen, bei denen die jeweilige Zahl Gewinnzahl war.

Die Zahl 49 wurde mit 424-Mal am häufigsten, die 13 mit 303-Mal am seltensten gezogen. Der Mittelwert der 49 Häufigkeiten beträgt 367,35. Die Häufigkeiten schwanken um diesen Wert.

Ziehungshäufigkeiten beim Mittwochslotto vom 4.6.1986 bis zum 3.4.2013

1 258	**2** 260	**3** 271	**4** 275	**5** 248	**6** 279	**7** 263
8 274	**9** 265	**10** 257	**11** 263	**12** 253	**13** 268	**14** 279
15 259	**16** 289	**17** 252	**18** 257	**19** 252	**20** 249	**21** 227
22 270	**23** 283	**24** 265	**25** 288	**26** 287	**27** 280	**28** 251
29 247	**30** 260	**31** 286	**32** 239	**33** 269	**34** 284	**35** 256
36 253	**37** 252	**38** 280	**39** 258	**40** 262	**41** 275	**42** 254
43 307	**44** 273	**45** 259	**46** 254	**47** 272	**48** 243	**49** 243

Beim Mittwochslotto wurde erst ab dem 4.6.1986 das „6 aus 49"-Lotto gespielt. Zunächst gab es jeweils zwei Ziehungen, ab dem 6.12.2000 nur noch eine. Bis zum 3.4.2013 gab es insgesamt 2.158 „6 aus 49"-Ziehungen am Mittwoch. Die Zahl 43 wurde mit 307-Mal am häufigsten gezogen, die Zahlen 48 und 49 mit jeweils 243-Mal am seltensten. Die einzelnen Häufigkeiten schwanken um den Mittelwert 264,24.

Bei einer Ziehung wird eine bestimmte Zahl, z.B. die 23 gezogen, wenn sie zu den sechs Gewinnzahlen gehört. Die **Chance**, dass eine spezielle Zahl bei einer Ziehung Gewinnzahl ist, beträgt 6 : 49. Formales Kürzen dieses Verhältnisses ergibt die Chance 1 : 8,1667. Die Chance 6 : 49 bedeutet, dass auf Dauer im statistischen Durchschnitt in ungefähr 49 Ziehungen eine bestimmte Zahl 6-Mal gezogen wird. Der berechnete Quotient

$$p = \frac{6}{49} = \frac{1}{8{,}1667} = 0{,}122449$$

ist die **Wahrscheinlichkeit** dafür, dass die Zahl bei einer Einzelziehung Gewinnzahl ist. Multiplikation der Wahrscheinlichkeit p mit 100 ergibt die **prozentuelle Chance** $100 \cdot p = 12{,}2449\ \%$. In einer sehr langen Serie von Ziehungen ist eine spezielle Zahl in ungefähr 12,2449 % der Ziehungen Gewinnzahl. Dabei treten zufällige Schwankungen auf. Bei einer großen Anzahl von Ziehungen wird jedoch der prozentuelle Anteil nicht allzu stark von dieser prozentuellen Chance abweichen. Die durchschnittliche (mittlere) Anzahl von Ziehungen, in denen eine bestimmte Zahl im statistischen Mittel 1-Mal gezogen wird, erhält man als
$\frac{1}{p} = \frac{1}{0{,}122449} = 8{,}1667$. Dieser Mittelwert muss nicht ganzzahlig sein.

Die **Chance** 6 : 49 wird in der Statistik definiert als **Anzahl der günstigen Fälle zur Anzahl aller möglichen Fälle**. Diese in der Wahrscheinlichkeitsrechnung übliche Definition darf nicht verwechselt werden mit der fifty-fifty-Chance oder der 1 : 1-Chance. In dieser 1 : 1-Definition steht das Verhältnis der Anzahl der günstigen zur Anzahl der ungünstigen Fälle.

Es gibt Spieler, die tippen nur solche Zahlen, die schon längere Zeit nicht mehr gezogen worden sind, mit dem Hinweis auf den **Nachholbedarf**. Sie meinen also, dass seit längerer Zeit nicht mehr ausgespielte Zahlen bei der nächsten Ziehung eine höhere Chance haben. Wie aber soll dies funktionieren? Dann müssten im Ziehungsgerät ja alle früheren Ziehungsergebnisse „gespeichert“ sein. Doch bei jeder Ziehung beginnt der Zufallsprozess völlig neu. Jedes Mal werden aus den 49 Zahlen sechs Gewinnzahlen gezogen. Ergebnisse aus früheren

Ziehungen können keinen Einfluss auf das laufende Ziehungsergebnis haben. Wie sollte dies das Ziehungsgerät auch feststellen? Es hat ja kein Gedächtnis. Eine Zahl, die schon längere Zeit nicht mehr gezogen wurde, hat bei der nächsten Ziehung keine größere Chance als eine Zahl, die erst vor kurzem Gewinnzahl war. Jede Zahl hat die gleiche Chance, unabhängig davon, wie oft sie bereits gezogen oder wie lange sie nicht mehr gezogen wurde.

Mit den Ziehungshäufigkeiten aus S. 33/34 kann mit statistischen Tests keine signifikante Chancenungleichheit festgestellt werden. Die Abweichungen sind auf den Zufall zurückzuführen.

Manche Personen meiden alle Zahlen aus der aktuellen Gewinnreihe. Als Begründung wird dabei angegeben, es sei doch unwahrscheinlich, dass die gleiche Zahl 2-Mal hintereinander gezogen wird. Diese Begründung ist falsch. Jede Zahl hat in der nächsten Ziehung die gleiche Chance.

Anzahl der möglichen Tippreihen

Die Anzahl der insgesamt möglichen Tippreihen wird mit Hilfe einer mathematischen Formel hergeleitet. Wer sich dafür nicht interessiert, kann diesen Teil überlesen.
Beim Ausfüllen einer Tippreihe kann für das erste Kreuzchen eine von den 49 Zahlen 1, 2, ... , 48, 49 ausgewählt werden. Als Beispiel wählen wir die Zahl 13.

1	2	3	4	5	6	7
8	9	10	11	12	**13**	14
15	16	17	18	19	20	21
22	23	24	25	26	27	28
29	30	31	32	33	34	35
36	37	38	39	40	41	42
43	44	45	46	47	48	49

Für die Auswahl der ersten Zahl gibt es 49 verschiedene Möglichkeiten.

Für die Auswahl der zweiten Zahl bleiben nach der Festlegung der ersten Zahl noch 48 Möglichkeiten übrig, nämlich alle Zahlen mit Ausnahme der bereits getippten. Zu jeder der 49 Auswahlmöglichkeiten für die erste Zahl gibt es damit 48 Auswahlmöglichkeiten für die zweite Zahl. Daher können die beiden ersten Zahlen auf 49 · 8 = 2.352 verschiedene Arten ausgewählt werden. Als zweite Zahl werde die 45 getippt.

1	2	3	4	5	6	7
8	9	10	11	12	**13**	14
15	16	17	18	19	20	21
22	23	24	25	26	27	28
29	30	31	32	33	34	35
36	37	38	39	40	41	42
43	44	**45**	46	47	48	49

Insgesamt gibt es unter Berücksichtigung der Auswahlreihenfolge 49 · 48 = 2.352 Möglichkeiten, zwei Zahlen anzukreuzen.

Wäre aber zuerst die 45 und danach die 13 getippt worden, so hätte dies auf dem Tippfeld zur gleichen Zahlenkombination geführt.

Verschiedene Auswahlmöglichkeiten, die zum gleichen Ergebnis führen, werden bei dem hier benutzten Zählmodell zunächst als verschieden, also mehrfach mitgezählt. In Wirklichkeit erhalten wir bei dieser Rechnung eine zu große Anzahl. Nach der Auswahl aller sechs Zahlen wird dies korrigiert.

1	2	3	4	5	6	7
8	9	10	11	12	**13**	14
15	16	17	18	19	20	21
22	23	24	25	26	27	28
29	30	31	32	33	34	35
36	37	38	39	40	41	42
43	44	**45**	46	47	48	49

Für die dritte Zahl gibt es 47 Auswahlmöglichkeiten. Wir wählen die 22.

Unter Berücksichtigung der Auswahlreihenfolge gibt es für drei Zahlen
49 · 48 · 47 = 110.544
verschiedene Auswahlmöglichkeiten.

1	2	**3**	4	5	6	7
8	9	10	11	12	**13**	14
15	16	17	18	19	20	21
22	23	24	25	26	27	28
29	30	31	32	33	34	35
36	37	38	39	40	41	42
43	44	**45**	46	47	48	49

Für die vierte Zahl bleiben noch 46 Auswahlmöglichkeiten. Gewählt werde die Zahl 3.

Unter Berücksichtigung der Auswahlreihenfolge können vier Zahlen auf $49 \cdot 48 \cdot 47 \cdot 46 = 5.085.024$ verschiedene Arten ausgewählt werden.

1	2	**3**	4	5	6	7
8	9	10	11	12	**13**	14
15	16	17	18	19	20	21
22	23	24	25	26	27	28
29	30	31	32	33	34	35
36	37	**38**	39	40	41	42
43	44	**45**	46	47	48	49

Für die Auswahl der fünften Zahl bleiben noch 45 Möglichkeiten übrig. Wir wählen die Zahl 38.

Für fünf Zahlen gibt es unter Berücksichtigung der Auswahlreihenfolge $49 \cdot 48 \cdot 47 \cdot 46 \cdot 45 = 228.826.080$ verschiedene Auswahlmöglichkeiten.

1	2	**3**	4	5	6	7
8	9	10	11	12	**13**	14
15	16	17	18	19	20	21
22	23	24	25	26	27	28
29	30	31	32	33	34	35
36	37	**38**	39	40	41	42
43	44	**45**	**46**	47	48	49

Für die letzte Zahl gibt es schließlich noch 44 Auswahlmöglichkeiten. Gewählt werde die Zahl 46. Unter Berücksichtigung der Auswahlreihenfolge gibt es für sechs Zahlen insgesamt $49 \cdot 48 \cdot 47 \cdot 46 \cdot 45 \cdot 44 = 10.068.347.520$ verschiedene Auswahlmöglichkeiten.

Damit erhalten wir die der Größe nach geordnete Tippreihe: 3 13 22 38 45 46.

Falls man aber der Reihe nach die Zahlen 22, 46, 38, 3, 45, 13 ankreuzt, erhält man die gleiche Tippreihe. Es gibt also wesentlich weniger verschiedene Tippreihen als die berechnete Anzahl 10.068.347.520. Nur unter Berücksichtigung der Reihenfolge der angekreuzten Zahlen gäbe es so viele. In einer getippten Reihe ist aber nicht feststellbar, in welcher Reihenfolge die sechs Zahlen angekreuzt wurden. Die Reihenfolge der Auswahl der einzelnen Zahlen spielt keine Rolle.

Zunächst suchen wir die Anzahl der oben durchgeführten Auswahlmöglichkeiten unter Berücksichtigung der Auswahlreihenfolge, die zur gleichen Tippreihe 3 13 22 38 45 46 führen. Um diese Tippreihe zu erhalten, muss zuerst eine dieser sechs Zahlen ausgewählt werden, danach eine der restlichen fünf Zahlen, dann eine der übrig gebliebenen vier Zahlen, und so fort. Somit gibt es unter Berücksichtigung der Reihenfolge insgesamt $6 \cdot 5 \cdot 4 \cdot 3 \cdot 2 \cdot 1 = 720$ verschiedene Auswahlmöglichkeiten, die zur Tippreihe 3 13 22 38 45 46 führen. Die gleiche Anzahl erhält man für jede andere Tippreihe. Damit ist bei der obigen Auswahl jede Tippreihe 720-Mal aufgeführt. Division der oben berechneten Anzahl durch 720 liefert die gesuchte Anzahl aller möglichen Tippreihen. Insgesamt gibt es

$$\binom{49}{6} = \frac{49 \cdot 48 \cdot 47 \cdot 46 \cdot 45 \cdot 44}{1 \cdot 2 \cdot 3 \cdot 4 \cdot 5 \cdot 6} = \frac{10.068.347.52}{720} = 13.983.816$$

verschiedene Tippreihen.

Das benutzte Symbol $\binom{49}{6}$ heißt in der Mathematik **Binomialkoeffizient**. Man spricht dafür „49 über 6“. Die Berechnung des Binomialkoeffizienten ist sehr einfach. Im Nenner steht das Produkt der Zahlen 1 bis 6, im Zähler steht ebenfalls ein Produkt aus sechs Zahlen. Beginnend mit 49 wird jeder nachfolgende Faktor um 1 kleiner.

Beim **Österreichischen Lotto** werden aus 45 Zahlen sechs Gewinnzahlen ausgewählt. Es wird also ein „6 aus 45"-Lotto gespielt. Das gleiche Auswahlverfahren gibt es bei der „6 aus 45" **Toto-Auswahlwette** in Deutschland. Aus 45 Spielpaarungen müssen sechs ausgewählt werden. Die Anzahl der Tippmöglichkeiten beträgt bei diesem „6 aus 45"-Lotto

$$\binom{45}{6} = \frac{45 \cdot 44 \cdot 43 \cdot 42 \cdot 41 \cdot 40}{1 \cdot 2 \cdot 3 \cdot 4 \cdot 5 \cdot 6} = 8.145.060.$$

In der **Schweiz** wird seit 2012 ein „6 aus 42"-Lotto gespielt mit

$$\binom{42}{6} = \frac{42 \cdot 41 \cdot 40 \cdot 39 \cdot 38 \cdot 37}{1 \cdot 2 \cdot 3 \cdot 4 \cdot 5 \cdot 6} = 5.245.786$$

verschiedenen Tippmöglichkeiten.

Damit man beim „6 aus 49"-Lotto bei jeder Ziehung garantiert 6 Richtige hat, müssen alle 13.983.816 Reihen abgegeben werden. Keine einzige Reihe darf weggelassen werden, denn gerade diese könnte ja die Gewinnreihe werden. Der sichere Sechser ist aber noch lange kein Sechser mit Superzahl. Die **Superzahl** wird aus den 10 Zahlen 0, 1 , 2 , 3 , 4 , 5 , 6 , 7 , 8 , 9 zufällig gezogen. Aus dem Sechser wird nur dann ein Sechser mit Superzahl, wenn die getippte Superzahl (letzte Ziffer der Losnummer) mit der ausgespielten Superzahl übereinstimmt. Für jede der 13.983.816 Tippreihen gibt es für die Auswahl der Superzahl 10 Möglichkeiten. Daher gibt es unter Berücksichtigung der Superzahl insgesamt

$$10 \cdot 13.983.816 = 139.838.160$$

verschiedene Tippreihen (Tippmöglichkeiten). Bei Abgabe all dieser Tippreihen wird die Gewinnreihe 1-Mal mit der richtigen Superzahl und 9-Mal mit einer falschen Superzahl getippt. Dann erzielt man garantiert einen Sechser mit Superzahl und 9 Sechser ohne Superzahl.

Chance auf einen Sechser (mit oder ohne Superzahl)

Eine abgegebene Tippreihe ergibt in einer Ziehung nur dann einen Sechser, ob mit oder ohne Superzahl, wenn die Tippreihe mit der Gewinnreihe übereinstimmt. Dafür gibt es nur eine einzige Möglichkeit. Daher ist die **Chance**, mit einer einzigen Tippreihe in einer Ziehung einen Sechser (mit oder ohne Superzahl) zu erzielen, gleich 1 : 13.983.816. Der daraus berechnete Zahlenwert

$$p = \frac{1}{13.983.816} = 0{,}000000071511$$

ist die **Wahrscheinlichkeit**, dass mit einer einzigen Tippreihe in einer Einzelziehung ein Sechser erzielt wird. $100 \cdot p =$ 0,0000071511 % ist die **prozentuelle Chance**. Mit einer einzigen Tippreihe erzielt man auf Dauer im statistischen Durchschnitt nur in ungefähr 0,0000071511 % aller Ziehungen einen Sechser. Wenn jemand für eine Ziehung 100 verschiedene Reihen tippt, so erzielt er einen Sechser, wenn sich unter den 100 getippten Reihen die Gewinnreihe befindet. Die Chance für einen Sechser, mit oder ohne Superzahl, beträgt dann 100 : 13.983.816 = 1 : 139.838 (gerundet). Sie ist wie die Anzahl der getippten Reihen 100-Mal größer als die Chance mit einer einzigen Tippreihe. Dabei ist aber wesentlich, dass alle 100 getippten Reihen verschieden sind. Wenn 50 Reihen jeweils 2-Mal getippt werden, dann ist die Chance auf einen Sechser mit 50 : 13.983.816 nur noch halb so groß, obwohl ebenfalls 100 Reihen getippt werden. Allerdings ist dann 50 : 13.983.816 die Chance auf gleichzeitig zwei Sechser. Entscheidend für die Chance auf einen Sechser ist nur die Anzahl der verschiedenen getippten Reihen. Bei einer zufälligen Auswahl vieler Tippreihen erzielen auf Dauer im statistischen Durchschnitt nur ungefähr 0,0000071511 % davon einen Sechser (mit oder ohne Superzahl).

Ich kenne einen leidenschaftlichen Lottospieler, der regelmäßig in jedem Tippfeld des Lottoscheins, also 14-Mal, die gleiche Reihe tippt. Als Begründung gibt er an, dass er im Falle eines Gewinns in einer niedrigen Klasse die Quote gleich 14-Mal kassiert.

Die Chance auf einen Gewinn in einer Klasse ist hier jedoch genau so groß wie die entsprechende Chance mit einer einzigen Tippreihe. Falls der Spieler einmal 6 Richtige haben sollte, erhält er in Abhängigkeit von der Superzahl gleich 14-Mal die Quote jeweils in Klasse 1 oder in Klasse 2. Wenn er der einzige Gewinner in der Klasse 1 ist, erhält er allerdings 14-Mal den vierzehnten Teil des gesamten für die Klasse 1 bereitgestellten Ausschüttungsbetrages. In diesem Fall würde er jedoch mit nur einer einzigen Tippreihe ebenfalls den gesamten Betrag kassieren. Bei 14 Gewinnen in Klasse 1 gibt es vermutlich eine Quotenzusammenlegung mit der Klasse 2. Damit hätte er doch einen kleinen Vorteil. In Klasse 2 gibt es bei den meisten Ziehungen mehrere Gewinne. Auch in diesem Fall hat der Spieler einen Vorteil gegenüber einem Einsatz von einer einzigen Tippreihe. Bei einem Gewinn in anderen höheren Klassen wird durch das Tippverhalten des Spielers die Quote ebenfalls gesenkt. Es wäre vernünftiger, der Spieler würde 14 verschiedene Reihen tippen. Dann wäre die Chance auf einen Sechser 14-Mal größer. Auch in den unteren Gewinnklassen würde er damit über einen längeren Zeitraum hinweg ungefähr gleich viel gewinnen.

Ehepaar mit zwei Sechsern in einer Ziehung

Vor einiger Zeit hatte ein Ehepaar in einer Ziehung gleich zwei Sechser, beide ohne Superzahl. Das Ehepaar tippte immer die gleichen Reihen. Der Ehemann sollte den Lottozettel abgeben.

Die Frau befürchtete jedoch, ihr Mann vergesse die Abgabe des Lottoscheins. Deshalb gab sie kurz vor Annahmeschluss den Lottoschein mit den Standardreihen ab. Weil der Mann den Schein tatsächlich abgegeben hatte, wurden alle Reihen doppelt getippt. Eine davon brachte einen Sechser. Vermeintliche Unzuverlässigkeit kann also auch zum Glück führen.

Chance auf einen Sechser mit Superzahl

Unter Berücksichtigung der Superzahl gibt es 10 · 13.983.816 = 139.838.160 verschiedene Tippreihen. Nur eine davon ist die Gewinnreihe mit der richtigen Superzahl. Eine getippte Reihe erzielt nur dann einen Sechser mit Superzahl, wenn sie mit der Gewinnreihe übereinstimmt. Die Chance dafür ist 1 : 139.838.160. Daraus erhält man die **Wahrscheinlichkeit**, mit einer einzigen Tippreihe in einer Ziehung einen Sechser mit Superzahl zu erzielen, als

$$p = \frac{1}{139.838.160} = 0{,}0000000071511.$$

Die Chance auf einen Sechser mit Superzahl ist 10-Mal kleiner als die Chance, überhaupt einen Sechser (mit oder ohne Superzahl) zu erzielen. Multiplikation mit 100 ergibt die prozentuelle Chance auf einen Sechser mit Superzahl in Höhe von 0,00000071511 %.

Chance auf einen Sechser ohne Superzahl

Insgesamt gibt es bei jeder Ziehung 9 verschiedene Reihen, die einen Sechser ohne Superzahl erzielen können. Mit einer Tippreihe erzielt man nur dann einen Sechser ohne Superzahl, wenn sie mit einer dieser 9 Reihen übereinstimmt. Die Chance dafür beträgt 9 : 139.838.160 = 1 : 15.537.573 (gerundet). Die prozentuelle Chance auf einen Sechser ohne Superzahl ist

$$100 \cdot \frac{9}{139.838.160} = 0{,}000006436\,\%.$$

Sie ist 9-Mal größer als die prozentuelle Chance auf einen Sechser mit Superzahl.

Chancengleichheit aller Tippreihen

Die **Ziehungschance** ist für jede Tippreihe gleich, auch wenn die Reihe schon einmal Gewinnreihe war. Man kann nicht gegen den Zufall spielen. Unabhängig davon, nach welcher Methode die Tippreihen auch ausgewählt werden: Falls in einer Ziehung ein Sechser erzielt wird, ist dies nur auf den **Zufall** zurückzuführen. Man hat dann eben Glück gehabt.
Viele Personen sind irrtümlicherweise der Meinung, dass eine Tippreihe, die bereits einmal Gewinnreihe war, in Zukunft eine wesentlich geringere Chance hat. Dieser Meinung war sogar der Autor eines Lottobuches. In diesem Buch gab es die Überschrift: „Stellen Sie sich vor, Sie warten auf einen Sechser und der war schon da". Auch dieser Autor war der Meinung, dass eine bereits ausgespielte Gewinnreihe in Zukunft eine wesentlich kleinere Chance hat. Weil aber bei jeder Ziehung der Auswahlprozess neu beginnt, also aus den gleichen 49 Kugeln gezogen wird, kann das Ziehungsergebnis nicht von Ergebnissen früherer Ziehungen beeinflusst werden. Eine bereits ausgespielte Gewinnreihe hat bei jeder zukünftigen Einzelziehung die gleiche Chance wie jede andere Reihe auch, nämlich die Chance von 1 : 13.983.816.

Betrachtet man aber zwei bestimmte zukünftige Ziehungstermine, z. B. die nächste und übernächste Ziehung. Dann ist die Wahrscheinlichkeit, dass in beiden Ziehungen jeweils eine fest vorgegebene Reihe, z.B. die Reihe 12 23 35 36 38 39 gezogen wird, nur noch
$p^2 = 0{,}000000071511^2 = 0{,}0000000000000511386$.
Dabei ist aber wesentlich, dass von den beiden Ziehungsterminen noch keiner verstrichen sein darf und dass es sich um eine bestimmte Tippreihe handelt.

Die Wahrscheinlichkeit, dass in den nächsten beiden Ziehungen **jeweils gleiche Gewinnreihen** gezogen werden (um welche es sich dabei handelt, soll keine Rolle spielen), ist jedoch 13.983.816-Mal größer als p^2, weil hier jede der 13.983.816 Reihen einbezogen werden muss. Die Wahrscheinlichkeit für jeweils gleiche Gewinnreihen in zwei fest terminierten zukünftigen Ziehungen beträgt p = 0,000000071511. Damit lautet die Chance 1 : 13.983.816. Es handelt sich um die Chance, dass die Gewinnreihe der ersten Ziehung beim zweiten zukünftigen Ziehungstermin gezogen wird.

Wenn man schon nicht gegen den Zufall spielen kann, sollte man versuchen, solche Reihen zu tippen, die im Ziehungsfall hohe Quoten versprechen. Dies erreicht man nur, wenn es wenige Mitgewinner gibt. Deswegen sollten Tippreihen gemieden werden, die allgemein sehr beliebt sind. Falls eine beliebte Reihe die Gewinnreihe wird, sind die Quoten für einen Sechser sehr niedrig (s. Kapitel 13). Um Missverständnissen vorzubeugen: Jede noch so beliebte Reihe hat die gleiche Chance wie jede andere Reihe, nämlich 1 : 13.983.816.

Vergleich mit einer Münzreihe

Wie klein die Chance ist, mit einer Tippreihe einen Sechser, mit oder ohne Superzahl, zu erzielen, soll durch das folgende Zufallsexperiment verdeutlicht werden. In einer Reihe werden 13.983.816 Ein-Euro-Münzen aneinander gelegt. Die Anzahl der Münzen stimmt mit der Anzahl aller Tippreihen (ohne Berücksichtigung der Superzahl) überein. Bei einem Münzdurchmesser von 2,3 cm ergibt dies eine Münzreihe der Länge

$$13.983.816 \cdot 2{,}3 \text{ cm} = 32.162.776{,}8 \text{ cm} \approx 321{,}6278 \text{ km}.$$

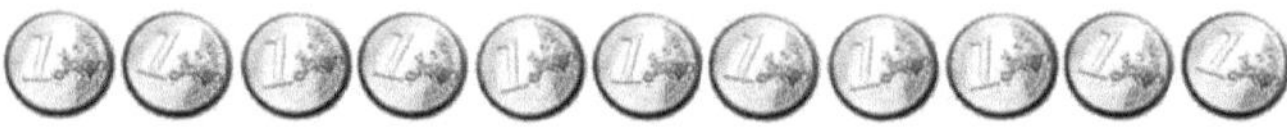

Nur eine von diesen Münzen sei markiert, wobei die Markierung rein äußerlich nicht erkennbar sei. Von den Münzen werde eine zufällig ausgewählt. Dann ist die Chance, so die markierte Münze zu erhalten, genau so groß wie die Chance, bei einer Einzelziehung mit einer einzigen Tippreihe einen Sechser, mit oder ohne Superzahl, zu erzielen. Unter Berücksichtigung der Superzahl müsste die Münzreihe sogar 10-Mal länger, also 3.216.278 km lang sein. Dann ist die Chance, die gekennzeichnete Münze zu erhalten, genau so groß wie mit einer einzigen Tippreihe in einer Einzelziehung einen Sechser mit Superzahl zu erzielen.

Ein Sechser im Lotto oder Tod durch Blitzschlag – was ist wahrscheinlicher?

Immer wieder wird behauptet, die Wahrscheinlichkeit vom Blitz erschlagen zu werden, sei größer als im Lotto einen Sechser zu erzielen. Die Aussage ist in dieser Form nicht korrekt. Aus dieser Behauptung könnte nämlich geschlossen werden, in der Bundesrepublik Deutschland würden pro Jahr mehr Bürger vom Blitz erschlagen als es in einem Jahr Sechser gibt.

> Im Jahr 2013 gab es insgesamt 336 Sechser, 32 davon mit Superzahl. Durch Blitzschlag kommen während eines Jahres zum Glück bei weitem nicht so viele Personen ums Leben. Die Zahl liegt bei ungefähr sechs Personen pro Jahr.

Die Gefahr, dass ein deutscher Lottospieler innerhalb eines Jahres durch Blitzschlag ums Leben kommt, liegt daher bei etwa 6 : 80.200.000 = 1 : 13.366.667. Mit einer einzigen Tippreihe beträgt die Chance auf einen Sechser (mit oder ohne Superzahl) 1 : 13.983.816. Sie ist nur geringfügig kleiner als dass eine bestimmte Person während eines Jahres vom Blitz erschlagen wird.

Die obige Aussage muss korrekt heißen: Wenn jemand eine einzige Tippreihe nur für eine einzige Ziehung abgibt, so ist die Wahrscheinlichkeit für einen Sechser (mit oder ohne Superzahl) fast genau so groß wie die Gefahr, dass diese Person während eines Jahres vom Blitz erschlagen wird.

Sind Lottozahlen vorhersagbar?

Immer wieder wird von bestimmten Personen behauptet, sie könnten die Lottozahlen voraussagen oder Zahlen berechnen, die eine größere Ziehungschance haben. Oft werden auch sogenannte Glückszahlen nach dem Horoskop veröffentlicht. Dabei liegt natürlich die Frage nahe, wie die Kommunikation mit dem Ziehungsgerät bezüglich der prophezeiten Gewinnzahlen stattfinden soll. Natürlich haben auch vorausgesagte Gewinnzahlen die gleiche Chance wie andere auch. Wenn jemand seine Tippreihen nach einem bestimmten Verfahren auswählt und damit tatsächlich einmal einen Sechser erzielt, führt er dies sicherlich auf sein geniales Auswahlverfahren zurück. Ursache für den Sechser ist aber einzig und allein der **Zufall**, also das **Glück**. Falls eine Tippreihe einmal die Gewinnreihe werden sollte, so wurde die Gewinnreihe zwar richtig getippt und daher in einer gewissen Weise auch „richtig vorausgesagt". Das ist jedoch reiner Zufall.

Auch Copperfield kann die Lottozahlen nicht vorhersagen

Der sehr berühmte Magier David Copperfield behauptete in der Sendung „Wetten, dass..." vom 17. Februar 2001 in Göttingen, dass er die Gewinnzahlen vom 13. Oktober 2001 vorhersagen kann. Dazu legte er in eine Truhe einen Zettel und eine Audio-Cassette mit den angeblichen Gewinnzahlen. Ob tatsächlich Zahlen auf dem Zettel standen, wurde nie festgestellt. Auch wurde die Audio-Cassette nicht überprüft. Unter Aufsicht eines Notars wurde die Truhe mit einem Schlüssel verschlossen und anschließend versiegelt. Die Truhe wurde dann in einer Glasvitrine auf dem ZDF-Gelände öffentlich aufgestellt, unter Beobachtung durch eine Kamera, die live mit dem Internet verbunden war. Bis zum 12. Oktober 2001 wurde die Vitrine ständig bewacht. Am 12. Oktober wurde sie versiegelt nach München gebracht. Dort wurde sie aus der Vitrine genommen und im Safe eines Hotels aufbewahrt. In der „Wetten, dass...“-Sendung am 13. Oktober 2001 wurde die Truhe von einem Notar überwacht und später geöffnet. Die Abspielung der Cassette brachte dann tatsächlich die am Abend gezogenen Gewinnzahlen 8 10 19 24 25 33. Ich kann mir kaum vorstellen, dass der Notar an der Manipulation bewusst mitgewirkt hat. Wie alle anderen ist vermutlich auch er auf den Zaubertrick hereingefallen. Wie dieser Trick funktionierte, wurde nie bekannt.

Es gab zahlreiche Spekulationen. Möglich ist, dass nicht die Originalkassette abgespielt wurde, sondern dass der Text hinter der Bühne von einer Person mit ähnlicher Stimme gesprochen wurde. Daneben gibt es sicherlich noch viele Möglichkeiten. Denn wer den Zuschauern vortäuscht, Flugzeuge „verschwinden“ zu lassen oder sich als angekettete Person aus einem Käfig befreien zu können, für den dürfte auch dieser Trick kein großes Problem darstellen. Natürlich ist es auch Copperfield nicht möglich, die Gewinnzahlen für einen bestimmten Ziehungstag vorauszusagen.

Für die Vorhersage hätte es doch genügt, die „angebliche Gewinnreihe“ auf einen Zettel zu schreiben und diesen in einem verschlossenen Umschlag dem Notar zu übergeben.

Wozu eigentlich der große Aufwand mit der Truhe? Wurde vielleicht die Cassette in der Truhe nach der Ziehung der Lottozahlen von außen neu besprochen? Oder wurden nach der Ziehung die Gewinnzahlen auf dem Zettel mit Hilfe bestimmter von außen gesteuerter Tricks sichtbar gemacht? Bei dieser Ziehung gab es übrigens nur fünf Sechser, einen davon mit Superzahl. Ich glaube nicht, dass Copperfield einer der Gewinner war. Falls er die Lottozahlen tatsächlich vorhersagen könnte, müsste man sich doch wundern, weshalb die Anzahl der Sechser inzwischen nicht stark angestiegen ist.

Angebliche Berechnung von Lottozahlen

Immer wieder behauptet jemand, aus den Gewinnzahlen der Vergangenheit ein Verfahren entwickelt zu haben, mit dem Zahlen berechnet werden können, die bei späteren Ziehungen eine höhere Chance haben. Dabei werden manchmal gleich „Beispiele" mitgeliefert. Die meisten Verfahren haben allerdings den Nachteil, dass Gewinnzahlen für eine bereits durchgeführte Ziehung aus vorangegangenen Ziehungen „berechnet" wurden. Wenn die Gewinnzahlen der interessierten Ziehung bereits festliegen, dürfte es doch kein großes Problem sein, diese aus den Gewinnzahlen früherer Ziehungen nach einem geeigneten „mathematischen" Verfahren zu bestimmen. Solche Verfahren bringen aber keinen Vorteil, weil zukünftige Ziehungen sich nicht danach richten.

Im Jahre 2002 kam sogar ein Buch auf den Markt, in dem zur Erhöhung der Gewinnchancen „Berechnungsmethoden" vorgestellt wurden. Durch eine geeignete Auswahl von Gewinnzahlen und Gewinnzahlenkombinationen aus zum Teil weiter zurückliegenden Ziehungen wurden Tippzahlen für "zukünftige" Ziehungen beim Mittwochslotto bestimmt, die nach Angabe des Autors öfters zu einem Gewinn geführt haben sollen, auch in höheren Gewinnklassen. Da immer mehr als sechs Tippzahlen „berechnet“ wurden, war die Anzahl der Tippreihen meistens sehr groß. Äußerst merkwürdig war dabei die Tatsache, dass der erste größere Gewinn ausnahmslos nach einer sehr kurzen Wartezeit erfolgte. Dies legt doch den Verdacht nahe, dass bei der Bestimmung der Zahlen die eigentlich noch zu prognostizierende Gewinnreihe bereits in die Rechnung einging. Bei jedem berechneten Prognosesystem ließ der zweite größere Gewinn jedoch ausnahmslos mindestens ein Jahr auf sich warten, manchmal sogar wesentlich länger. Dabei ist zu berücksichtigen, dass nur Mittwochsziehungen ausgewertet wurden, bei denen damals jeweils zwei Gewinnreihen gezogen wurden.

Allgemein ist es doch sehr einfach, aus bereits bekannten Gewinnzahlen einer vergangenen Ziehung durch „Rückwärtsrechnung“ ein „Verfahren“ zu entwickeln, mit dem aus den Gewinnzahlen vor diesem Termin Zahlen bestimmt werden, unter denen sich die meisten Gewinnzahlen dieser Ziehung auch tatsächlich befinden. Es dürfte auch nicht schwierig sein, ein geeignetes „Verfahren“ zu entwickeln, mit dem sogar alle sechs Gewinnzahlen „berechnet“ werden können. Doch was nützt es, wenn aus den vorangegangenen Ziehungen solche Eigenschaften festgestellt werden, die sich aber nicht auf zukünftige Ziehungen übertragen lassen. Falls man mit einem solchen „Verfahren“ später tatsächlich einmal einen größeren Gewinn erzielen sollte, ist dies nur auf den Zufall zurückzuführen und nicht auf das „entwickelte Verfahren“.

Die Anzahl der Sechser in einer Ziehung

In einer Einzelziehung hat jede Reihe die gleiche Chance, als Gewinnreihe gezogen zu werden. Die Chance auf einen Sechser mit Superzahl beträgt 1 : 139.838.160, die Chance für einen Sechser ohne Superzahl ist 9-Mal größer, also gleich

9 : 139.838.160 = 1 : 15.537.573. Die Chance für einen Sechser, ob mit oder ohne Superzahl, beträgt 1 : 13.983.816. Nach welcher Methode die Reihen auch ausgewählt werden, gegen den Zufall kann man nicht spielen.

Jede getippte Reihe hat die gleiche Chance, Gewinnreihe zu werden. Doch wenn eine sehr beliebte, also häufig getippte Reihe die Gewinnreihe wird, gibt es viele Sechser mit entsprechend niedrigen Quoten. Falls bei einer Ausspielung die Reihe 1 2 3 4 5 6 gezogen würde, gäbe es für einen Sechser ohne Superzahl nur wenige hundert Euro, für einen Sechser mit Superzahl ohne großen Jackpot vielleicht einige tausend Euro. Sie werden vermutlich fragen, wie man zu einer solchen Behauptung kommen kann. Dazu wurden vom Autor fast 7,8 Millionen Tippreihen untersucht, die tatsächlich an einem Samstag abgegeben und auch ausgezahlt wurden. Dabei konnte der Autor feststellen, dass die Reihe der ersten sechs Zahlen 6.647-Mal über dem Durchschnitt getippt wurde (s. Kapitel 13).

Die Anzahl der Sechser in einer Ziehung hängt selbstverständlich auch von der Anzahl der insgesamt eingesetzten Tippreihen ab. Je mehr Reihen abgegeben werden, umso höher dürfte die Anzahl der Sechser sein. Doch vom Spieleinsatz allein kann nicht auf die Anzahl der Sechser geschlossen werden. Diese Anzahl hängt einerseits vom Zufall, andererseits aber auch sehr stark vom Tippverhalten der Teilnehmer ab.

Weil momentan der Spieleinsatz bei den Samstagsziehungen viel höher ist als bei den Mittwochsziehungen, wird der Jackpot am Samstag wesentlich öfters geknackt als am Mittwoch. Weil der Jackpot samstags viel öfter geknackt wird als mittwochs, wurde in einem Kommentar die Behauptung aufgestellt, bei den Ziehungen werde manipuliert. Die Begründung des Kommentators ist falsch. Die Ursache dafür ist nicht eine

Manipulation bei der Ziehung der Lottozahlen, sondern der wesentlich höhere Spieleinsatz beim Samstagslotto. Leider werden aus dem Eintreten mancher Ereignisses häufig falsche Schlüsse gezogen, insbesondere bei der Suche nach den Ursachen für das Eintreten.

Die Anzahl der Sechser bei zufälliger Auswahl sämtlicher Tippreihen

Falls alle Tippreihen zufällig ausgewählt werden, z. B. durch Quicktipps, verteilen sich die getippten Reihen zufällig auf die Menge aller möglichen Reihen. Auch hier wird es vorkommen, dass manche Reihen öfters, manche überhaupt nicht getippt werden. Bei einer solchen Zufallsauswahl ist es jedoch unwahrscheinlich, dass einzelne Reihen sehr oft über dem statistischen Durchschnitt getippt werden. Doch welche Bedeutung hat der statistische Durchschnitt? Als Modellbeispiel nehmen wir an, dass 100 Millionen Tippreihen zufällig ausgewählt werden. Dann können alle Häufigkeiten bestimmt werden, mit denen jede der 13.983.816 möglichen Reihen getippt wurde. Die Superzahl soll dabei unberücksichtigt bleiben. Weil 100 Millionen Reihen getippt wurden, beträgt die Summe aller Häufigkeiten 100.000.000. Der **statistische Durchschnitt** (**Mittelwert**) sämtlicher Häufigkeiten ist daher

$$\frac{100.000.000}{13.983.816} = 7{,}15.$$

Dafür sagt man auch: Im statistischen Durchschnitt oder im Mittel ist jede der möglichen Reihen 7,15-Mal getippt worden. Selbstverständlich kann keine einzige Reihe 7,15-Mal getippt werden. Die ganzzahligen Tipphäufigkeiten schwanken jedoch um diesen Durchschnittswert. Falls viele Reihen zufällig ausgewählt werden, sind die Schwankungen der einzelnen Häufigkeiten im Allgemeinen nicht allzu groß. Dies gilt auch für die Gewinnreihe. Daher wird es bei solchen zufälligen Auswahlverfahren von 100 Millionen Tippreihen im statistischen Mittel ungefähr 7,15 Sechser (mit oder ohne Superzahl) geben. Dieser Durchschnittswert heißt der **Erwartungswert** oder die **erwartete (mittlere) Anzahl** von Sechsern. Man sagt auch: Im **statistischen Durchschnitt** gibt es bei zufälliger Auswahl von 100 Mio. Tippreihen 7,15 Sechser. Die tatsächliche Anzahl liegt in der Nähe dieser erwarteten Anzahl. Manchmal gibt es mehr, manchmal weniger Sechser. Falls aus vielen solchen zufälligen Auswahlverfahren von jeweils 100 Mio. Tippreihen die durchschnittliche Anzahl der erzielten Sechser berechnet wird, liegt dieser Durchschnittswert in der Nähe von 7,15. Die Anzahl der Sechser mit Superzahl beträgt bei 100 Mio. zufällig ausgewählten Tippreihen im statistischen Mittel 0,715. Wegen der sehr kleinen Anzahl gibt es hier allerdings größere Schwankungen.

Falls sogar 139.838.160 Tippreihen zufällig ausgewählt werden, wird jede der 13.983.816 Reihen ohne Berücksichtigung der Superzahl im Durchschnitt 10-Mal getippt. Dann gibt es bei einer solchen Ziehung im statistischen Mittel 10 Sechser, einen davon mit Superzahl. Die tatsächliche Anzahl liegt in der Nähe dieser erwarteten Anzahl. Im statistischen Mittel gibt es dann einen Sechser mit Superzahl und 9 Sechser ohne Superzahl. Mit Hilfe der Wahrscheinlichkeitsrechnung erhält man die folgenden prozentuellen Chancen: In ungefähr 36,8 % aller zufälligen Auswahlverfahren von 139.838.160 Tippreihen gibt es keinen Gewinn in der Klasse 1, in etwa 36,8 % der Ziehungen nur einen Gewinn, in ungefähr 18,4 % der Ziehungen zwei, in etwa 6,13 % drei, in ungefähr 1,53 % vier und in etwa 0,31 % der Ziehungen fünf Gewinne in Klasse 1, also jeweils so viele Sechser mit Superzahl. Diese Prozentzahlen sind dabei unter der Voraussetzung berechnet, dass alle 139.838.160 Tippreihen zufällig ausgewählt werden.

Falls aber unter Berücksichtigung der Superzahl alle möglichen 139.838.160 Reihen jeweils 1-Mal eingesetzt werden, gibt es bei jeder Ziehung einen Sechser mit und 9 Sechser ohne Superzahl, zusammen also 10 Sechser. Bei zufälliger Auswahl von 139.838.160 Tippreihen werden wegen des Zufalls nicht alle möglichen Reihen ausgewählt, manche dafür öfters.

Einfluss des Tippverhaltens auf die Anzahl der Sechser

Wir nehmen an, 100 Millionen Tippreihen werden von den Spielteilnehmern selbst getippt. Dann gibt es wegen des Tippverhaltens zwischen den Tipphäufigkeiten der einzelnen Reihen große Unterschiede. Die Diagonalreihe 1 9 17 25 33 41 könnte dabei als allgemein beliebteste Tippreihe sogar über 40.000-Mal getippt werden. Dabei werden viele beliebte Reihen oft getippt. Andererseits gibt es dann aber viele Reihen, die ganz selten oder gar nicht getippt werden. Auch hierbei ist die Summe aller Häufigkeiten gleich 100.000.000. Ohne Berücksichtigung der Superzahl wird jede Reihe im Durchschnitt 7,15-Mal getippt. Man erhält also den gleichen statistischen Durchschnitt wie bei der zufälligen Auswahl der gleichen Anzahl von Tippreihen. Der Durchschnitt hängt nur von der Anzahl der getippten Reihen und nicht vom speziellen Auswahlverfahren ab. Division der Anzahl der insgesamt getippten Reihen durch die Anzahl aller möglichen Reihen ergibt den **statistischen Durchschnitt** der Häufigkeiten.

Dieser Durchschnittswert gilt auch für die Gewinnreihe. Die einzelnen Tipphäufigkeiten werden jedoch wegen des Tippverhaltens mehr oder weniger stark von diesem Durchschnittswert abweichen. Das statistische Mittel von Sechsern kann zwar formal berechnet werden, es lässt aber im Gegensatz zur Zufallsauswahl kaum Schlüsse auf die Anzahl der Sechser in den einzelnen Ziehungen zu. Wenn in einer Ziehung die Anzahl der Sechser erheblich über dem statistischen Mittel liegt, so handelt es sich bei der Gewinnreihe um eine sehr beliebte Tippreihe. Liegt die Anzahl der Sechser deutlich darunter, so gehört die Gewinnreihe zu den unbeliebten Tippreihen.

Hochquotenstrategie

> Wenn man schon nicht gegen den Zufall spielen kann, sollte man gegen die Mitspieler tippen.

Sehr beliebte Reihen (s. Kapitel 13) sollten gemieden werden. Ziel ist es, nach Tippreihen zu suchen, die unbeliebt sind. Dadurch wird zwar die Chance auf einen Sechser auch nicht größer, doch falls damit ein Sechser erzielt wird, gibt es zum Teil wesentlich höhere Quoten. Eine Möglichkeit wäre, die sechs Zahlen für eine Tippreihe zufällig auszuwählen, z. B. mit **Quicktipps**. Hier hat man die Chance, dass Tippreihen in den unbeliebten Bereich fallen. Doch auch dadurch können beliebte Tippreihen nicht ganz ausgeschlossen werden.

Zusammenfassung

Die Chance, dass eine bestimmte Zahl in einer Ziehung Gewinnzahl wird, ist 6 : 49. Die Wahrscheinlichkeit dafür beträgt

$$\frac{6}{49} = 0{,}122449.$$

Die prozentuelle Chance für eine Zahl ist 12,2449 %. Über eine große Zeitspanne hinweg ist jede Zahl in ungefähr 12,2449 % aller Ziehungen Gewinnzahl.

Ohne Berücksichtigung der Superzahl gibt es insgesamt 13.983.816 verschiedene Tippreihen. Die Chance für einen Sechser (mit oder ohne Superzahl) beträgt für jede Reihe 1: 13.983.816.

Unter Berücksichtigung der Superzahl gibt es insgesamt 139.838.160 verschiedene Reihen. Für jede Tippreihe beträgt die Chance für einen Sechser mit Superzahl

1 : 139.838.160, die Chance für einen Sechser ohne Superzahl ist 9 : 139.838.160.

$$\frac{1}{13.983.816} = 0{,}000000071511$$

ist die Wahrscheinlichkeit dafür, dass eine Tippreihe in einer Ziehung einen Sechser, mit oder ohne Superzahl, erzielt.

$$\frac{1}{139.838.160} = 0{,}0000000071511$$

ist die Wahrscheinlichkeit für einen Sechser mit Superzahl und

$$\frac{9}{139.838.160} = 0{,}00000006436$$

die Wahrscheinlichkeit für einen Sechser ohne Superzahl. Multiplikation einer Wahrscheinlichkeit mit 100 ergibt die prozentuelle Chance. Der Quotient

$\frac{\text{Anzahl aller eingesetzten Reihen}}{13.983.816}$ ist die mittlere Anzahl von Sechsern.

4 Lottosysteme und Tippgemeinschaften

Lotto-Systeme

Manchmal werden gegen Geld „todsichere“ Lotto-Systeme angeboten, mit denen die Gewinnchancen angeblich viel größer sind als mit anderen Tippreihen. Meine Meinung dazu kennen Sie ja bereits. Es gibt kein System, mit dem die Gewinnchancen erhöht werden können. Mit jedem System gewinnt man auf Dauer auch nicht öfter als mit der gleichen Anzahl von beliebigen verschiedenen Tippreihen. Entscheidend für die Chance auf einen Sechser ist nur die Anzahl der Tippreihen eines Systems und nicht das Auswahlverfahren. Wenn ein Lottosystem aus 1.000 verschiedenen Tippreihen besteht, so ist die Chance auf einen Sechser (mit oder ohne Superzahl) 1.000 : 13.983.816. Diese ist genau so groß wie die Chance auf einen Sechser mit 1.000 beliebig ausgewählten verschiedenen Tippreihen. Man muss sich allerdings fragen, weshalb jemand ein „todsicheres“ Lotto-System verkauft und nicht selbst damit reich werden möchte.

Falls jedoch in einem Lottosystem nur Tippreihen benutzt werden, die bei den Mitspielern nicht beliebt sind, also beliebte Tippreihen gemieden werden, ist es möglich, dass im Gewinnfall die Quoten höher sind. In diesem Fall benutzt das System eine Hochquotenstrategie. Das System hat dann auch keine höhere Trefferquote, allerdings sind im Gewinnfall die Quoten überdurchschnittlich hoch. Mit einem solchen System gewinnt man dann zwar nicht öfters, im Gewinnfall jedoch mehr. Dabei müssen allerdings noch die Gebühren für den Erwerb des Systems berücksichtigt werden. Wenn Ihnen ein System angeboten wird, mit dem man angeblich öfters gewinnt, dann sollten Sie skeptisch sein. Eine Erkundigung, nach welcher Methode die Tippreihen ausgewählt wurden, ist angebracht.

Ein Lottosystem mit angeblich enorm hohen Trefferquoten

Vor einigen Jahren ging mir ein Werbeprospekt einer Tippgemeinschaft zu, in dem wörtlich zu lesen war: „Nutzen Sie den mathematischen Vorteil. Wie Sie wissen, gibt es 13,9 Millionen Möglichkeiten, 6 Kreuzchen auf dem Lottoschein zu machen. Ein 49-Zahlen-System müsste also alle diese Kombinationen beinhalten. Decken wir jedoch nur 36 der 49 Zahlen ab, so verringern sich die Möglichkeiten automatisch um 12 Millionen! Und das System muss nur noch aus 1,9 Millionen Kombinationen erstellt werden. Mit diesem mathematischen Vorteil profitieren Sie von enorm hohen Trefferquoten. Wenn Sie Ihre Chance noch steigern wollen, dann decken Sie mit 3 Systemen alle 49 Zahlen optimal ab".

Sind die Chancen auf einen Sechser mit den Reihen dieser Tippgemeinschaft tatsächlich größer? Natürlich nicht! Die Tippgemeinschaft beschränkt sich auf 36 Zahlen. Daraus gibt es nur noch

$$\binom{36}{6} = \frac{36 \cdot 35 \cdot 34 \cdot 33 \cdot 32 \cdot 31}{1 \cdot 2 \cdot 3 \cdot 4 \cdot 5 \cdot 6} = 1.947.792$$

verschiedene Tippmöglichkeiten. Im Werbeprospekt wird dabei allerdings der Eindruck erweckt, bei jeder Tippreihe aus diesem System sei die Chance auf einen Sechser mit 1 : 1.947.792 wesentlich größer als die allgemeine Chance von 1 : 13.983.816.

Jede Tippreihe aus diesem System hätte nur dann eine Ziehungschance von 1 : 1.947.792, wenn sichergestellt wäre, dass sich bei jeder Ziehung unter den 1.947.792 ausgewählten Tippreihen tatsächlich auch die Gewinnreihe befindet. Doch das ist nur dann der Fall, wenn unter den 36 Systemzahlen alle sechs Gewinnzahlen sind. Hierbei handelt es sich allerdings um eine **bedingte Chance** (bedingte Wahrscheinlichkeit). Es ist die Chance unter der Bedingung, dass sich unter den 36 ausgewählten Zahlen tatsächlich alle sechs Gewinnzahlen befinden. Ist diese Bedingung nicht erfüllt, so kann mit dem System kein Sechser erzielt werden. Auch wenn die Tippgemeinschaft sämtliche 1.947.792 Tippreihen dieses Systems einsetzen würde, könnte es doch vorkommen, dass sich unter den 36 Systemzahlen nur eine oder gar keine Gewinnzahl befindet. Dann könnte mit dem System kein Gewinn erzielt werden. Leider wird in der Statistik sehr oft eine bedingte Chance (Wahrscheinlichkeit) mit einer **absoluten Chance** (**Wahrscheinlichkeit**) verwechselt, bei der keine Vorbedingung erfüllt sein muss. Eine absolute Chance darf allgemein für eine Prognose verwendet werden, eine bedingte Chance jedoch nur dann, wenn die entsprechende Bedingung auch tatsächlich erfüllt ist. Ohne jegliche Information über die Gewinnzahlen erzielt man bei einer Ziehung mit dem gesamten System nur dann einen Sechser (mit oder ohne Superzahl), wenn eine von den 1.947.792 Tippreihen dieses Systems mit der Gewinnreihe übereinstimmt. Die (**absolute**) **Chance** dafür ist jedoch genau so groß wie die Chance mit der gleichen Anzahl beliebiger verschiedener Tippreihen. Sie lautet 1.947.792 : 13.983.816 = 1 : 7,18. Die prozentuelle Chance auf einen Sechser mit dem System beträgt

$$100 \cdot \frac{1.947.792}{13.983.816} = 13{,}92894\ \%.$$

Auf Dauer enthält das System in ungefähr 13,93 % aller Ziehungen tatsächlich die Gewinnreihe. In etwa 86,07 % der Ziehungen ist gar kein Sechser möglich. Die Chance, dass eine speziell ausgewählte Reihe aus diesem System in einer Ziehung Gewinnreihe wird, beträgt auch nur 1 : 13.983.816. Das System dieser Tippgemeinschaft bringt überhaupt keinen Vorteil. Ich möchte allerdings nicht ausschließen, dass die Betreiber dieser Tippgemeinschaft von ihrer Behauptung sogar voll überzeugt waren. Dann liegt zwar keine absichtliche Täuschung vor, doch die im Prospekt gemachte Behauptung ist trotzdem falsch. Derartige Lotto-Systeme werden in Kapitel 8 behandelt.

Vom Lottoblock angebotene Systeme

Auch vom Lottoblock werden Vollsysteme und Teilsysteme (VEW-Systeme) angeboten. Vollsysteme werden allgemein in Kapitel 8 behandelt. Merkblätter über die Teilsysteme gibt es bei den Lotto-Verkaufsstellen sowie auf den Internetseiten der Lottogesellschaften. Die Chance, mit einem solchen System einen Sechser zu erzielen, ist genau so groß wie die Chance mit der gleichen Anzahl beliebiger verschiedener Tippreihen. Die Chance eines Vollsystems auf einen Hauptgewinn wäre nur dann größer, wenn sich unter den benutzten Systemzahlen tatsächlich alle Gewinnzahlen befinden würden. Auch hier handelt es sich um **bedingte Chancen**. Falls sich unter den Zahlen des Systems weniger als sechs Gewinnzahlen befinden, kann mit dem System kein Sechser erzielt werden.

Teilnahme an einer Tippgemeinschaft

Häufig taucht die Frage auf, ob eine Teilnahme an einer Tippgemeinschaft sinnvoll ist. Wenn jemand sein Leben lang mit geringen Einsätzen spielt, ist es unwahrscheinlich, aber nicht unmöglich, dass er einmal einen Sechser erzielt. Durch die Teilnahme an einer Tippgemeinschaft erhöht sich wegen der größeren Anzahl von gemeinsam abgegebenen Tippreihen die Chance auf einen Sechser. Falls mit dem System ein Sechser oder Fünfer erzielt wird, muss die Quote allerdings unter allen Teilnehmern aufgeteilt werden. Für die Teilnehmer einer Tippgemeinschaft ist es aber besser, einen großen Gewinn mit anderen teilen zu müssen, als ein Leben lang vergeblich auf einen Sechser oder Fünfer zu warten.

Bei einer **privaten Tippgemeinschaft** sollte der Abschluss eines Spielvertrages in Erwägung gezogen werden.

Sie kennen ja den Spruch „beim Geld hört die Freundschaft auf". Formulare für einen solchen Vertrag gibt es bei den Lotto-Zentralen. Diese sind auch behilflich beim Abschluss eines Spielvertrages. Allgemein muss gewährleistet sein, dass die Tippreihen immer fristgemäß abgegeben werden. Auch die Auszahlung der anfallenden Gewinne sollte geregelt sein. Es gab schon Fälle, dass in einer Tippgemeinschaft der Lottoschein nicht rechtzeitig abgegeben wurde und gerade bei dieser Ziehung ein hoher Gewinn erzielt worden wäre. Auch mussten schon Mitspieler ihren Anteil an einem großen Gewinn einklagen.

Zusammenfassung

Es gibt kein System, mit dem die Chance auf einen Sechser erhöht werden kann. Die Chance auf einen Sechser hängt einzig und allein von der Anzahl der verschiedenen Tippreihen des Systems ab. Mit jedem System aus verschiedenen Tippreihen ist die Chance auf einen Sechser genau so groß wie mit der gleichen Anzahl beliebig ausgewählter verschiedener Tippreihen.

Es werden auch Vorschläge für private Tippgemeinschaften gemacht.

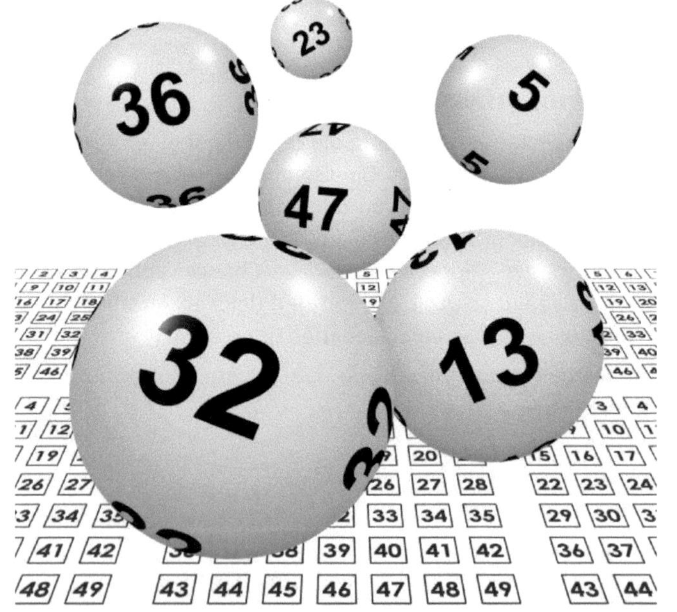

5 Gewinnklassen und Gewinnchancen

5 Gewinnchancen beim aktuellen Lotto

Seit dem 4.5.2013 gibt es beim Lotto neun Gewinnklassen. Die Zusatzzahl wurde zu diesem Termin allgemein durch die Superzahl ersetzt. Diese Änderung betraf dabei nur die Gewinnklassen 3 bis 8. Zusätzlich kam die Gewinnklasse 9 hinzu.

Die Gewinnklassen lauten:

Klasse 1:	6 Richtige (Gewinnzahlen) mit	Superzahl
Klasse 2:	6 Richtige (Gewinnzahlen) ohne	Superzahl
Klasse 3:	5 Richtige (Gewinnzahlen) mit	Superzahl
Klasse 4:	5 Richtige (Gewinnzahlen) ohne	Superzahl
Klasse 5:	4 Richtige (Gewinnzahlen) mit	Superzahl
Klasse 6:	4 Richtige (Gewinnzahlen) ohne	Superzahl
Klasse 7:	3 Richtige (Gewinnzahlen) mit	Superzahl
Klasse 8:	3 Richtige (Gewinnzahlen) ohne	Superzahl
Klasse 9:	2 Richtige (Gewinnzahlen) mit	Superzahl

Falls eine Tippreihe mindestens drei Gewinnzahlen enthält, erzielt sie auf jeden Fall einen Gewinn. Für die genaue Gewinnklasse ist dann entscheidend, ob auf dem Spielschein die richtige Superzahl getippt ist. Für einen Gewinn in Klasse 9 müssen zwei Gewinnzahlen und die Superzahl richtig getippt sein. Für 2 Richtige ohne Superzahl gibt es keinen Gewinn.

Die Anzahl der verschiedenen Reihen, die in einer Ziehung in den jeweiligen Klassen gewinnen, ist für jede Ziehung gleich. Verschieden sind nur die jeweiligen Gewinnreihen. Die Anzahl der möglichen Gewinnreihen in den einzelnen Klassen kann mit Hilfe kombinatorischer Methoden bestimmt werden.

Anzahl der Gewinnreihen ohne Berücksichtigung der Superzahl

Ohne Berücksichtigung der Superzahl gibt es nur eine einzige Reihe, die **6 Richtige** enthält, nämlich die Tippreihe aus den sechs Gewinnzahlen. Die Superzahl soll ja zunächst unberücksichtigt bleiben.

Damit eine Reihe **5 Richtige** enthält, müssen aus den sechs Gewinnzahlen fünf getippt sein. Die restliche Tippzahl muss aus den 43 nicht gezogenen Zahlen stammen. Aus den sechs Gewinnzahlen können fünf Zahlen auf

$$\binom{6}{5} = \frac{6 \cdot 5 \cdot 4 \cdot 3 \cdot 2}{1 \cdot 2 \cdot 3 \cdot 4 \cdot 5} = 6$$

verschiedene Arten ausgewählt werden. Bei der Formel für die „5 aus 6“-Auswahl steht links der bereits auf S. 39 dargestellte Binomialkoeffizient.

Zu jeder dieser Auswahlmöglichkeiten für die fünf Gewinnzahlen muss noch aus den 43 nicht gezogenen Zahlen eine Zahl ausgewählt werden, was auf 43 Arten möglich ist. Durch Multiplikation erhält man die gesuchte Anzahl als
$6 \cdot 43 = 258$.

Für **4 Richtige** müssen aus den sechs Gewinnzahlen vier ausgewählt werden. Für diese „4 aus 6“-Auswahl gibt es

$$\binom{6}{4} = \frac{6 \cdot 5 \cdot 4 \cdot 3}{1 \cdot 2 \cdot 3 \cdot 4} = 15$$

verschiedene Möglichkeiten. Ferner müssen aus den restlichen 43 Zahlen noch zwei ausgewählt werden. Für diese „2 aus 43“-Auswahl gibt es insgesamt

$$\binom{43}{2} = \frac{43 \cdot 42}{1 \cdot 2} = 903 \text{ Auswahlmöglichkeiten.}$$

Multiplikation liefert die Anzahl der verschiedenen Reihen mit 4 Richtigen als $15 \cdot 903 = 13.545$.

Für **3 Richtige** müssen aus den sechs Gewinnzahlen drei ausgewählt werden. Dafür gibt es
$\binom{6}{3} = \frac{6 \cdot 5 \cdot 4}{1 \cdot 2 \cdot 3} = 20$ Möglichkeiten.

Ferner müssen von den 43 nicht gezogenen Zahlen ebenfalls 3 Zahlen ausgewählt werden, mit
$\binom{43}{3} = \frac{43 \cdot 42 \cdot 41}{1 \cdot 2 \cdot 3} = 12.341$ Möglichkeiten.

Somit gibt es 20 · 12.341 = 246.820 verschiedene Reihen mit 3 Richtigen.

Für **2 Richtige** müssen aus den sechs Gewinnzahlen zwei ausgewählt werden. Dafür gibt es
$\binom{6}{2} = \frac{6 \cdot 5}{1 \cdot 2} = 15$ Möglichkeiten. Ferner müssen von den 43 nicht gezogenen Zahlen vier Zahlen ausgewählt werden mit
$\binom{43}{4} = \frac{43 \cdot 42 \cdot 41 \cdot 40}{1 \cdot 2 \cdot 3 \cdot 4} = 123.410$ Möglichkeiten.

Daher gibt es 15 · 2123.410 = 1.851.150 verschiedene Reihen mit 2 Richtigen.

Anzahl der Gewinnreihen mit Berücksichtigung der Superzahl

Die Ziehung der Superzahl ist von der Ziehung der Gewinnzahlen unabhängig. Für die richtige Superzahl gibt es nur eine einzige Auswahlmöglichkeit. Hier muss die gezogene Superzahl richtig getippt sein (letzte Ziffer der Losnummer auf dem Tippschein). Die oben berechnet Anzahl ist dann jeweils gleich der Anzahl der jeweiligen Gewinnreihen mit der richtigen Superzahl. Für eine falsche Superzahl gibt es 9 Tippmöglichkeiten, nämlich alle Endziffern der Losnummer, die von der gezogenen Superzahl verschieden sind. In diesem Fall müssen die oben berechneten Häufigkeiten jeweils mit 9 multipliziert werden. Dadurch erhält man die Anzahl der möglichen Gewinnreihen ohne richtige Superzahl. Die Ergebnisse sind in der 2. Spalte der nachfolgenden Tabelle aufgeführt.

Die Summe aller Häufigkeiten beträgt 4.457.390. Damit gibt es bei jeder Ziehung 4.457.390 verschiedene Reihen, die in einer der 9 Klassen gewinnen. In der nachfolgenden Tabelle ist für jede Klasse die Anzahl der verschiedenen Gewinnreihen dargestellt.

Gewinnklasse	Anzahl Gewinn-reihen	Gewinnchance (ganzzahlig gerundet)
1 (6 Richtige mit Superzahl)	1	1 : 139.838.160
2 (6 Richtige ohne Superzahl)	9	1 : 15.537.573
3 (5 Richtige mit Superzahl)	258	1 : 542.008
4 (5 Richtige ohne Superzahl)	2.322	1 : 60.223
5 (4 Richtige mit Superzahl)	13.545	1 : 10.324
6 (4 Richtige ohne Superzahl)	121.905	1 : 1.147
7 (3 Richtige mit Superzahl)	246.820	1 : 567
8 (3 Richtige ohne Superzahl)	2.221.380	1 : 63
9 (2 Richtige mit Superzahl)	1.851.150	1 : 76
gesamt	4.457.390	1 : 31

Mit einer einzigen Tippreihe erzielt man einen Gewinn in der entsprechenden Klasse, wenn die Tippreihe mit einer der Gewinnreihen aus dieser Klasse übereinstimmt. Daher ist die Gewinnchance für eine beliebige Tippreihe gleich dem Verhältnis der Anzahl der Gewinnreihen in dieser Klasse zur Gesamtanzahl 139.838.160. In der letzten Spalte der obigen Tabelle stehen die gerundeten Chancen.

Division der Anzahl der Gewinnreihen zur Gesamtanzahl 139.838.160 ergibt die **Wahrscheinlichkeit**, mit der eine

Tippreihe in der jeweiligen Klasse gewinnt. Multiplikation dieser Wahrscheinlichkeit mit 100 liefert die **prozentuelle Chance**. Bei zufälliger Auswahl vieler Tippreihen erzielen auf Dauer ungefähr so viel Prozent davon einen Gewinn in der entsprechenden Gewinnklasse.

Als Beispiel sollen diese Werte für die Gewinnklasse 9 berechnet und interpretiert werden. Die Chance auf einen Gewinn in Klasse 9 beträgt 1 : 76. Bei zufälliger Auswahl aller Tippreihen wird auf Dauer eine von ungefähr 76 eingesetzten Reihen in Klasse 9 gewinnen. Die Gewinnwahrscheinlichkeit in Klasse 9 lautet

$$\frac{1.851.150}{139.838.160} = 0{,}0132378.$$

Multiplikation mit 100 ergibt die prozentuelle Chance. Bei zufälliger Auswahl vieler Tippreihen werden auf Dauer ungefähr 1,32378 % davon einen Gewinn in Klasse 9 erzielen. Die Chance mit einer einzigen Tippreihe überhaupt zu gewinnen, beträgt 4.457.390 : 139.838.160 = 1 : 31,4. Von allen getippten Reihen erzielen auf Dauer ungefähr

$$100 \cdot \frac{4.457.390}{139.838.160} = 3{,}187535\ \%$$

einen Gewinn in einer der 9 Gewinnklassen.

Gewinnchancen beim früheren Lotto

Vor dem 4.5.2013 gab es acht Gewinnklassen. Die **Superzahl** war damals nur bei einem Sechser von Bedeutung. In den beiden obersten Klassen sind die Gewinnchancen gleich geblieben. In den Klassen 3 bis 8 war früher neben der Anzahl der richtig getippten Zahlen die **Zusatzzahl** von Bedeutung. Diese wurde zusätzlich nach der Ziehung der sechs Gewinnzahlen aus den restlichen 43 Zahlen gezogen.

Die Gewinnklassen lauteten damals

Klasse 1: 6 Richtige (Gewinnzahlen) mit Superzahl
Klasse 2: 6 Richtige (Gewinnzahlen) ohne Superzahl
Klasse 3: 5 Richtige (Gewinnzahlen) mit Zusatzzahl
Klasse 4: 5 Richtige (Gewinnzahlen) ohne Zusatzzahl
Klasse 5: 4 Richtige (Gewinnzahlen) mit Zusatzzahl
Klasse 6: 4 Richtige (Gewinnzahlen) ohne Zusatzzahl
Klasse 7: 3 Richtige (Gewinnzahlen) mit Zusatzzahl
Klasse 8: 3 Richtige (Gewinnzahlen) ohne Zusatzzahl.

Die Anzahl der Gewinnreihen und die Gewinnchancen sind in der nachfolgenden Tabelle zusammengestellt.

Gewinnklasse	Anzahl Gewinn-reihen	Gewinnchance
1 (6 Richtige mit Superzahl)	1	1 : 139.838.160
2 (6 Richtige ohne Superzahl)	9	1 : 15.537.573
3 (5 Richtige mit Zusatzzahl)	60	1 : 2.330.636
4 (5 Richtige ohne Zusatzzahl)	2.520	1 : 55.491
5 (4 Richtige mit Zusatzzahl)	6.300	1 : 22.197
6 (4 Richtige ohne Zusatzzahl)	129.150	1 : 1.083
7 (3 Richtige mit Zusatzzahl)	172.200	1 : 812
8 (3 Richtige ohne Zusatzzahl)	2.296.000	1 : 61
gesamt	2.606.240	1 : 54

Vergleich der Chancen beim aktuellen mit dem früheren Lotto

Da für die beiden ersten Gewinnklassen auch früher die Superzahl entscheidend war, haben sich die Gewinnchancen in diesen Klassen nicht geändert. Eine Änderung der Gewinnchancen gab es in den Klassen 3 bis 8. Ferner kam die Gewinnklasse 9 hinzu. Zum Vergleich sind in der nachfolgenden Tabelle die Gewinnchancen beim alten Lotto (2. Spalte) und die Gewinnchancen beim aktuellen Lotto (3. Spalte) zusammengestellt.

Die Chance, dass eine Tippreihe 5 Richtige, 4 Richtige oder 3 Richtige (jeweils mit oder ohne Superzahl bzw. Zusatzzahl) erzielt, ist in beiden Ziehungsarten gleich geblieben. Diese Chancen sind ja unabhängig von der Super- bzw. der Zusatzzahl. In welcher der beiden zusammengefassten Klassen dann ein Gewinn erzielt wurde, das hing früher von der Zusatzzahl ab. Bei 5 Richtigen mit Zusatzzahl gab es einen Gewinn in Klasse 3, bei 5 Richtigen ohne Zusatzzahl einen in Klasse 4. Diese Aufteilung regelt jetzt die Superzahl. Die gleiche Aufteilung gilt für 4 und 3 Richtige.

Gewinnklasse	Chance alt (gerundet)	Chance neu (gerundet)	prozent. Änderung
1 (6 mit SZ)	1 : 139.838.160	1 : 139.838.160	0 %
2 (6 ohne SZ)	1 : 15.537.573	1 : 15.537.573	0 %
3 (5 mit ZZ (SZ))	1 : 2.330.636	1 : 542.008	+ 330 %
4 (5 ohne ZZ (SZ))	1 : 55.491	1 : 60.223	- 7,857 %
5 (4 mit ZZ (SZ))	1 : 22.197	1 : 10.324	+ 115 %
6 (4 ohne ZZ (SZ))	1 : 1.083	1 : 1.147	- 5,610 %
7 (3 mit ZZ (SZ))	1 : 812	1 : 567	+ 43,33 %
8 (3 ohne ZZ (SZ))	1 : 61	1 : 63	- 3,25 %
9 (2 mit SZ)	entfällt	1 : 76	entfällt
gesamt	1 : 54	1 : 31	+ 71,03 %

Die Zusatzzahl wurde früher aus 43 Zahlen gezogen, während die Superzahl aus 10 Zahlen gezogen wird. Daher ist die Chance für die richtige Superzahl viel größer als die damalige Chance für die richtige Zusatzzahl. Somit sind die Gewinnchancen in den Klassen 3, 5 und 7 beim jetzigen Lotto wesentlich größer geworden, in den Klassen 4, 6 und 8 dafür kleiner. In der letzten Spalte stehen die prozentuellen Änderungen der Gewinnchancen beim Übergang vom früheren zum jetzigen Lotto. Ohne die zusätzliche Gewinnklasse 9 wäre die Chance, irgendeinen Gewinn zu erzielen, bei beiden Ziehungsarten gleich geblieben. Nur wegen der zusätzlichen Gewinnklasse 9 ist die Gewinnchance von 1 : 54 auf 1 : 31 angestiegen. Während man früher im statistischen Durchschnitt mit ungefähr 54 Reihen 1-Mal gewann, genügen jetzt etwa 31 Reihen. Früher gewannen auf Dauer etwa 1,864 % aller Tippreihen in einer der Klassen 1 bis 8, heute erzielen etwa 3,188 % aller Tippreihen einen Gewinn in einer der Klassen 1 bis 9. Verantwortlich für die Erhöhung ist aber nur die zusätzliche Gewinnklasse 9. In der Klasse 9 gewinnen auf Dauer ungefähr 1,324 % aller Tippreihen.

Beim Vergleich müssen neben der Erhöhung des Reiheneinsatzes von 0,75 Euro auf 1 Euro auch die Quoten berücksichtigt werden (s. Kapitel 6).

Zusammenfassung

In diesem Kapitel werden die **Gewinnchancen** beim aktuellen Lotto berechnet und mit denen beim **früheren Lotto** verglichen. Beim neuen Lotto wird auf Dauer ungefähr 71 % öfters gewonnen als beim alten Lotto. Doch gewinnt man unter Berücksichtigung des erhöhten Reiheneinsatzes auf Dauer auch mehr? Dazu näheres in Kapitel 6.

6 Quotenberechnung und theoretische Quoten

Quotenberechnung beim aktuellen Lotto

Vom gesamten Spieleinsatz werden 50 % zur Ausschüttung für die neun Gewinnklassen bereitgestellt. Zunächst wird für jeden Gewinn in Klasse 9 die feste Quote von 5 Euro festgesetzt. Gleichzeitig werden 12,8 % des gesamten Ausschüttungsbetrags für die Klasse 1 bereitgestellt. Der verbleibende Rest wird dann auf die Gewinnklassen 2 bis 8 nach folgendem Schlüssel aufgeteilt:

Klasse 2	10 %
Klasse 3	5 %
Klasse 4	15 %
Klasse 5	5 %
Klasse 6	10 %
Klasse 7	10 %
Klasse 8	45 %

Die Quoten werden auf ganze 10 Cent abgerundet.

Jackpot

Gibt es in einer Klasse keinen Gewinn, so wird der für diese Klasse bereitgestellte Ausschüttungsbetrag als **Jackpot** der gleichen Klasse für die nachfolgende Ziehung zugeschlagen. In Klasse 1 gibt es sehr oft einen Jackpot, in Klasse 2 seltener und in Klasse 3 fast nie.

Ausnahmeregelung für den Jackpot in Klasse 2

Falls es in Klasse 2 (6 Richtige ohne Superzahl) keinen Gewinn gibt, aber in Klasse 1 (6 Richtige mit Superzahl) mindestens einen Gewinn, so wird die für die Klasse 2 bereitgestellte Ausschüttungssumme der Ausschüttung für die Klasse 1 zugeschlagen. In Klasse 2 wird also nur dann ein Jackpot aufgebaut, wenn es in einer Ziehung keinen Sechser gibt. Dann gibt es einen **Doppeljackpot**, also jeweils getrennte Jackpots in Klasse 1 und in Klasse 2.

Begrenzung des Jackpots

Ein Jackpot kann nicht beliebig groß werden. Falls es in der Klasse 1 in 12 aufeinander folgenden Ziehungen keinen Gewinn gibt, wird der Jackpot in der nächsten Ziehung auf jeden Fall ausgeschüttet. Wenn es bei dieser Ziehung keinen Gewinn in Klasse 1 gibt, wird der Jackpot der Ausschüttungssumme der nächstniedrigen Gewinnklasse zugeschlagen, in der es mindestens einen Gewinn gibt. Wegen des Jackpotfiebers steigt der Spieleinsatz für diese Ziehung stark an. Daher ist kaum davon auszugehen, dass es bei dieser 13. Ziehung auch keinen Gewinn in Klasse 2 gibt.

Quotenzusammenlegung

Ein Einzelgewinn in einer Klasse darf den Einzelgewinn in einer höheren Gewinnklasse nicht übersteigen. Tritt ein derartiger Fall ein, so werden die Ausschüttungssummen für beide Klassen zusammengelegt und gleichmäßig unter allen Gewinnen der beiden Klassen aufgeteilt. In beiden Klassen gibt es dann die gleiche Quote. Möglich ist auch eine Quotenzusammenlegung in mehr als zwei Gewinnklassen.

Prozentuelle Ausschüttungsanteile

Beim früheren Lotto wurde jeder Gewinnklasse ein bestimmter prozentueller Anteil vom gesamten Ausschüttungsbetrag (jeweils 50 % des Spieleinsatzes) zugewiesen. Eine feste prozentuelle Zuweisung gibt es seit dem 4.5.2013 nur noch für die Klasse 1. In dieser Klasse wurde der Zuweisungsanteil von 10 % auf 12,8 % erhöht. Für die Klassen 2 bis 9 hängen die prozentuellen Ausschüttungsanteile von der Anzahl der Gewinne in Klasse 9 ab. Die tatsächlichen prozentuellen Ausschüttungsanteile für die Gewinnklassen 2 bis 9 variieren in den einzelnen Ziehungen. Dabei werden die Unterschiede allerdings nicht allzu groß sein, es sei denn, dass es in einer Ziehung sehr wenige oder äußerst viele Gewinne in Klasse 9 gibt.

Berechnung der theoretischen Quoten beim aktuellen Lotto

Die theoretischen Quoten können nach folgendem Modell berechnet werden: Für eine Ziehung werden sämtliche 139.838.160 verschiedene Reihen jeweils 1-Mal eingesetzt. Bei einem Reiheneinsatz von 1 Euro ergibt dies einen Spieleinsatz von 139.838.160 Euro. Die Hälfte davon wird zur Ausschüttung bereitgestellt, also 69.919.080 Euro.

Theoretischer prozentueller (mittlerer) Ausschüttungsanteil in Klasse 9

Beim Einsatz aller möglichen Tippreihen gibt es 1.851.150 Gewinne in Klasse 9 (s. S. 66). Da in Klasse 9 für jeden Gewinn 5 Euro ausgezahlt werden, beträgt der Ausschüttungsanteil 9.255.750 Euro. Das sind 13,2378 % der gesamten Ausschüttungssumme. Dies ist der theoretische Prozentsatz, also der im statistischen Mittel auftretende Prozentsatz.

Theoretische Ausschüttungsanteile in den Klassen 2 bis 8

In Klasse 1 ist der Ausschüttungsanteil von 12,8 % konstant. Damit wird in unserem Modell in Klasse 1 der Betrag 8.949.642,20 Euro ausgeschüttet. Zusammen mit dem Betrag für die Klasse 9 von 9.255.750,00 Euro ergibt dies einen Anteil von 18.205.392,20 Euro. Für die restlichen Klassen 2 bis 8 bleibt damit noch ein Gesamtbetrag von 51.713.687,80 Euro übrig. Dieser wird nach dem auf S. 71 angegebenen Schlüssel aufgeteilt. Daraus erhält man die in der 3. Spalte der nachfolgenden Tabelle aufgeführten Ausschüttungsbeträge. Die Anzahl der Gewinne in den einzelnen Klassen in Spalte 4 können aus der Tabelle auf S. 66 übernommen werden. Division der Ausschüttungsbeträge durch die Anzahl der Gewinne ergibt die theoretischen Quoten. Diese werden auf ganze 10 Cent abgerundet. Division der Ausschüttungsbeträge durch die Gesamtausschüttung 69.919.080,00 Euro und anschließende Multiplikation mit 100 ergibt die mittleren prozentuellen Anteile (2. Spalte). Diese sind auf vier Stellen gerundet. Falls mit diesen gerundeten Prozentzahlen die Ausschüttungsanteile aus der Gesamtausschüttung berechnet würden, ergäbe dies wegen der Rundung nicht exakt die Ausschüttungsanteile. Um die theoretischen Prozentwerte schwanken die tatsächlichen Prozentwerte in den einzelnen Ziehungen. Falls es überdurchschnittlich viele Gewinne in Klasse 9 gibt, liegen die Prozentwerte in den Klassen 2 bis 8 unter den theoretischen Werten, bei unterdurchschnittlich vielen Gewinnen darüber.

Klasse	mittlerer prozentueller Anteil	Ausschüttungsbetrag (in Euro)	Anzahl Gewinnreihen	theoretische Quote (in Euro)
1	12,8000 %	8.949.642,20	1	8.949.642,20
2	7,3962 %	5.171.368,70	9	574.596,50
3	3,6981 %	2.585.684,30	258	10.022,00
4	11,0943 %	7.757.053,10	2.322	3.340,60
5	3,6981 %	2.585.684,30	13.545	190,80

6	7,3962 %	5.171.368,70	121.905	42,40
7	7,3962 %	5.171.368,70	246.820	20,90
8	33,2830 %	23.271.159,40	2.221.380	10,40
9	13,2378 %	9.255.750,00	1.851.150	5,00
gesamt	100,0000 %	69.919.080,00	4.457.390	15,60

Einfluss des Jackpots auf die Quoten in Klasse 1

Vielleicht fragen Sie, wo denn bei der obigen Berechnung der theoretischen Quote in Klasse 1 der Jackpot geblieben ist. Ist die theoretische Quote in Klasse 1 vielleicht sogar höher? Bei der obigen Berechnung könnte auch jede mögliche Tippreihe 2-Mal, 3-Mal oder noch öfters eingesetzt werden. Wenn jede Reihe gleich oft eingesetzt wird, erhält man mit der obigen Rechnung die gleichen theoretischen Quoten.

In einer Ziehung ohne aufgebauten Jackpot kann beim derzeitigen Spieleinsatz in Klasse 1 die theoretische Quote von 8.949.642,20 Euro nicht erreicht werden, auch wenn es nur einen einzigen Gewinn geben sollte. Bei den Samstagsziehungen gibt es oft keinen Sechser mit Superzahl, bei den Mittwochsziehungen wegen des geringeren Spieleinsatzes noch öfter. Falls der Jackpot in einigen Ziehungen nicht geknackt wird, liegt er deutlich über der theoretischen Quote. Dann gibt es öfter sehr hohe Quoten, insbesondere, wenn der Jackpot dann nur 1-Mal geknackt wird. Bei der obigen Rechnung könnte man auch davon ausgehen, dass die Einsätze für mehrere Ziehungen zusammengefasst werden. Der Jackpot ist bei der Berechnung der theoretischen Quote berücksichtigt.

Vom gesamten Ausschüttungsbetrag wird 12,8 % für die Klasse 1 bereitgestellt, für die Klasse 9 sind es im Mittel 13,2378 %. Damit wird für die vielen Gewinne in Klasse 9 zusammen nur ungefähr 3,42 % mehr ausgeschüttet als für die wenigen Gewinne in Klasse 1. Vom 4.5.2013 bis zum 31.12.2013 gab es in Klasse 1 nur 24 Gewinne mit einer durchschnittlichen Quote von 8.052.684,50 Euro. Für die 24 Gewinne wurden insgesamt 193.264.428 Euro ausgeschüttet. Im gleichen Zeitraum gab es 38.881.423 Gewinne in Klasse 9 mit der festen Quote von 5 Euro. Die Gewinnsumme in Klasse 9 betrug 194.407.115 Euro. Diese ist nur um 0,59 % größer als die Gewinnsumme in Klasse 1. Dabei ist allerdings zu berücksichtigen, dass auf die erste Ziehung in diesem Zeitraum ein Jackpot der Höhe 10.124.732 Euro übertragen wurde. Bei der letzten Jahresziehung am 28.12.2013 wurde der Jackpot geknackt, so dass kein Übertrag in das Jahr 2014 erfolgte. Am 3.7.2013 gab es einen Gewinn in Klasse 1. Weil aber die Klasse 2 nicht besetzt war, wurde der für die Klasse 2 vorgesehene Ausschüttungsbetrag von 848.375,60 Euro der Klasse 1 zugeschlagen. Ohne diese Übertragungen wäre die gesamte Gewinnsumme in Klasse 1 um 10.873.107,60 Euro auf 182,291.320,40 Euro gesunken. Dann wäre in Klasse 9 insgesamt 6,6 % mehr ausgeschüttet worden als in Klasse 1.

Theoretische Durchschnittsquoten von Gewinnen aus verschiedenen Klassen

Die Durchschnittswerte von allen Gewinnen schwanken um die mittlere theoretische Quote von 15,60 Euro. Die große Masse erzielt aber nie einen Gewinn in Klasse 1, viele auch keinen in Klasse 2. Die Durchschnittsquote aus allen Gewinnen ohne aus Klasse 1 liegt daher unter dem Gesamtmittel von 15,60 Euro. Für alle Personen zusammen, die nie einen Gewinn in Klasse 1 und Klasse 2 erzielen, liegt die durchschnittliche Quote noch tiefer.

Solche theoretische Durchschnittsquoten können sehr einfach mit Hilfe der Tabelle auf S. 74/75 beim Einsatz aller möglichen Tippreihen berechnet werden. Durch Addition der einzelnen Werte aus den zugehörigen Klassen erhält man die Ausschüttungsanteile und die Anzahl der Gewinne in der entsprechenden Klassengruppe. Division der Ausschüttungsbeträge durch die Anzahl der Gewinne in den jeweiligen Klassengruppen ergibt die theoretischen Durchschnittsquoten.

Klasse	mittlerer prozentueller Anteil	Ausschüttungsanteil (in Euro)	Anzahl der Gewinne	theoretische mittlere Quote (in Euro)
alle	100,0000 %	69.919.080,00	4.457.390	15,60
2 bis 9	87,2000 %	60.969.437,80	4.457.389	13,60
3 bis 9	79,8038 %	55.798.069,10	4.457.380	12,50
4 bis 9	76,1057 %	53.212.384,80	4.457.122	11,90
5 bis 9	65,0113 %	45.455.331,70	4.454.800	10,20
6 bis 9	61,3132 %	42.869.647,40	4.441.255	9,60
7 bis 9	53,9170 %	37.698.278,70	4.139.350	9,10
8 bis 9	46,5208 %	32.526.910,00	4.072.530	7,90
9	13,2378 %	9.255.750,00	1.815.150	5,00

Quoten und theoretische Quoten beim früheren Lotto

Beim früheren Lotto war die prozentuelle Verteilung des gesamten Ausschüttungsbetrages auf die damaligen acht Gewinnklassen fest vorgegeben. Die Prozentsätze sind in der 2. Spalte der nachfolgenden Tabelle zusammengestellt. Zur Berechnung der theoretischen Quoten werden sämtliche 139.838.160 Tippreihen unter Berücksichtigung der Superzahl jeweils 1-Mal eingesetzt. Weil damals eine Tippreihe noch 0,75 Euro kostete, betrug in diesem Modell der gesamte Spieleinsatz 104.878.620 Euro. Die Hälfte davon, also 52.439.310 Euro, wurde zur Ausschüttung bereitgestellt. Die Quoten bei diesem Spieleinsatz ergeben die damaligen theoretischen Quoten. Diese sind in der nachfolgenden Tabelle berechnet.

Klasse	prozentueller Anteil	Ausschüttungssumme (in Euro)	Anzahl Gewinnreihen	theoretische Quote (in Euro)
1	10 %	5.243.931,00	1	5.243.931,00
2	8 %	4.195.144,80	9	466.127,20
3	5 %	2.621.965,50	60	43.699,40
4	13 %	6.817.110,30	2.520	2.705,20
5	2 %	1.048.786,20	6.300	166,40
6	10 %	5.243.931,00	129.150	40,60
7	8 %	4.195.144,80	172.200	24,30
8	44 %	23.073.296,40	2.296.000	10,00
gesamt	100 %	52.439.310,00	2.606.240	20,10

Die durchschnittliche Quote aus allen Gewinnen betrug beim früheren Lotto 20,10 Euro.

Prozentuelle Auszahlungen beim früheren Lotto

Weil beim früheren Lotto die prozentuellen Ausschüttungsanteile für alle Gewinnklassen fest vorgegeben waren, erhält man aus der obigen Tabelle durch Halbierung der Prozentsätze die exakten Prozentwerte für die Ausschüttungen vom gesamten Spieleinsatz:

alle Tippreihen:	50,0 %
alle Tippreihen ohne Gewinn in Klasse 1:	45,0 %
alle Tippreihen ohne Gewinn in den Klassen 1 und 2:	41,0 %
alle Tippreihen ohne Gewinn in den Klassen 1 bis 3:	38,5 %
alle Tippreihen ohne Gewinn in den Klassen 1 bis 4:	32,0 %

Vergleich der theoretischen Quoten beim früheren mit dem aktuellen Lotto

In der nachfolgenden Tabelle stehen in der 2. Spalte die theoretischen Quoten beim früheren Lotto. In der der 3. Spalte sind die theoretischen Quoten beim aktuellen Lotto aufgeführt.

Klasse	theor. Quote früher (in Euro)	theor. Quote aktuell (in Euro)	prozent. Änderung
1	5.243.931,00	8.949.642,20	+ 70,6476 %
2	466.127,20	574.596,50	+ 23,2703 %
3	43.699,40	10.022,00	- 77,0660 %
4	2.705,20	3.340,60	+ 23,4881 %
5	166,40	190,80	+ 14,6635 %

6	40,60	42,40	+ 70,6476 %
7	24,30	20,90	- 13,9918 %
8	10,00	10,40	+ 4,0000 %
9	entfällt	5,00	

In der Gewinnklasse 3 beträgt die neue theoretische Quote nur knapp 23 % der früheren. Eine derartige Reduktion war erforderlich, weil die Gewinnchance in dieser Klasse ja 4,3-Mal größer wurde. Hier gewinnt man jetzt 4,3-Mal öfters. Dafür ist die theoretische Quote um 77 % kleiner geworden. Auch in Klasse 7 wurde die theoretische Quote um ungefähr 14 % kleiner, die Gewinnchance aber um mehr als 2-Mal größer.

Vergleich der theoretischen Quoten unter Berücksichtigung der Einsatzkosten für eine Tippreihe

Beim Vergleich der theoretischen Chancen muss zusätzlich berücksichtigt werden, dass die Einsatzkosten für eine Tippreihe von 0,75 Euro auf 1 Euro angestiegen sind. Der Lottoblock hätte ja auch nur die Kosten pro Tippreihe auf 1 Euro erhöhen und die Zusatzzahl beibehalten können. Ohne die zusätzliche Gewinnklasse 9 wären dann die Gewinnchancen in allen bisherigen Gewinnklassen gleich geblieben. Alle theoretischen Quoten wären um 1/3 größer geworden. Die früheren Quoten hätten mit 4/3 multiplizieren werden müssen. Zum besseren Vergleich sollen die theoretischen Quoten beim früheren Lotto mit einem fiktiven (angehobenen) Reiheneinsatz von 1 Euro mit den theoretischen Quoten beim jetzigen Lotto mit dem gleichen Reiheneinsatz (1 Euro) verglichen werden.

In der 2. Spalte der nachfolgenden Tabelle stehen die theoretischen Quoten beim alten Lotto (Reihenpreis 0,75 Euro), in der 3. Spalte die theoretischen Quoten beim früheren Lotto mit einem fiktiven Reihenpreis von 1 Euro. In der 4. Spalte sind die theoretischen Quoten beim aktuellen Lotto mit dem Reihenpreis von 1 Euro aufgeführt.

Nur in den Klassen 3 und 7 wurden beim aktuellen Lotto im Vergleich zum früheren Lotto bei einem damaligen Reihenpreis von 0,75 Euro die theoretischen Quoten kleiner. In Klasse 3 wurde dafür bei der Umstellung die Gewinnchance 4,3-Mal größer.

Klasse	theoretische Quote altes Lotto, Reihe 0,75 Euro	theoretische Quote altes Lotto, Reihe fiktiv 1 Euro	theoretische Quote aktuelles Lotto, Reihe 1 Euro
1 (6 mit)	5.243.931,00	6.991.908,00	8.949.642,20
2 (6 ohne)	466.127,20	621.502,90	574.596,50
3 (5 mit)	43.699,40	58.265,90	10.022,00
4 (5 ohne)	2.705,20	3.606,90	3.340,60
5 (4 mit)	166,40	221,90	190,80
6 (4 ohne)	40,60	54,10	42,40
7 (3 mit)	24,30	32,40	20,90
8 (3 ohne)	10,00	13,30	10,40
9 (2 mit)	entfällt	entfällt	5,00

Direkt vergleichbar sind nur die beiden ersten Gewinnklassen, weil hier ja auch schon früher die Superzahl und nicht die Zusatzzahl maßgebend war. Durch die Erhöhung des Einsatzes pro Tippreihe von 0,75 Euro auf 1 Euro hätte sich die theoretische Quote in Klasse 1 von 5.243.931,00 Euro auf 6.991.908,00 Euro erhöht. Nur durch die Anhebung des prozentuellen Ausschüttungsanteils von 10 % auf 12,8 % in Klasse 1 konnte die zusätzliche Erhöhung der theoretischen Quote auf 8.949.642,20 Euro erreicht werden. Dies geht aber zu Lasten der Quoten in den Klassen 2 bis 8.

Die theoretische Quote in Klasse 2 erhöhte sich von 466.127,20 Euro auf 574.596,50 Euro. Allein die Erhöhung des Reihenpreises hätte hier aber eine Erhöhung der Quote auf 621.502,90 Euro gerechtfertigt.

In den Klassen 3, 5 und 7 sind durch die Ersetzung der Zusatzzahl durch die Superzahl die Gewinnchancen zum Teil sehr stark angestiegen, dafür sind sie in den Gewinnklassen 4, 6 und 8 kleiner geworden.

Ist das aktuelle Lotto gegenüber der früheren gewinnversprechender?

> Bei der Lotto-Umstellung ist die Chance, mit einer einzigen Tippreihe zu gewinnen, von 1 : 54 auf 1 : 31 angestiegen.

Diese Erhöhung ist jedoch nur auf die zusätzlich eingeführte Gewinnklasse 9 zurückzuführen. Ohne diese neue Klasse wäre die allgemeine Gewinnchance bei 1 : 54 geblieben. Weil die Gewinnchance größer wurde, gewinnt man beim neuen Lotto öfter. Doch gewinnt man auf Dauer auch mehr? Dazu müssen die theoretischen Quoten sowie die Preisanhebung berücksichtigt werden. Die theoretischen Quoten sind zwar in den meisten Gewinnklassen größer geworden. Verantwortlich dafür ist aber in erster Linie die Anhebung des Reihenpreises von 0,75 Euro auf 1 Euro. Die theoretische Quote in Klasse 1 wurde ja zusätzlich noch dadurch erhöht, dass in Klasse 1 der Ausschüttungsanteil von 10 % auf 12,8 % erhöht wurde.

Bei einem sinnvollen Vergleich muss auch der unterschiedliche Reihenpreis berücksichtigt werden. Reichten doch früher 6 Euro für 8 Tippreihen, heute aber nur noch für 6 Tippreihen. Daher ist es sinnvoll, für den Vergleich die prozentuellen Auszahlungsanteile vom Spieleinsatz zu benutzen. Weil bei beiden Lotto-Arten jeweils 50 % der Spieleinsätze ausgeschüttet wird, liegt die mittlere Auszahlung für alle getippten Reihen bei 50 % des Spieleinsatzes. Auf Dauer wird bei beiden Lotto-Arten ungefähr 50 % des Gesamteinsatzes ausgezahlt. Dies gilt für alle getippten Reihen, unabhängig davon, ob sie einen Gewinn erzielen oder nicht.

Für die große Masse der Teilnehmer/innen sind die mittleren prozentualen Ausschüttungsanteile nur von denjenigen Tippreihen von Interesse, die keinen Sechser mit Superzahl bzw. überhaupt keinen Sechser oder höchstens Gewinne in niedrigeren Klassen erzielen. Diese Prozentsätze sind bereits auf S. 74 – 79 berechnet und in der nachfolgenden Tabelle zusammengestellt.

Beim aktuellen Lotto werden 6,4 % der laufenden Spieleinnahmen für die Ausschüttung in Klasse 1 bereitgestellt. In Klasse 9 ist der durchschnittliche Ausschüttungsanteil 6,6189 % nur um 3,4 Prozent höher als der Ausschüttungsanteil für die Klasse 1.

Klasse	durchschnittliche prozentuelle Ausschüttung	
	früheres Lotto	aktuelles Lotto
1	5,0 %	6,400 %
2	4,0 %	3,698 %
3	2,5 %	1,849 %
4	6,5 %	5,547 %
5	1,0 %	1,849 %

6	5,0 %	3,698 %
7	4,0 %	3,698 %
8	22,0 %	16,642 %
9	-	6,619 %
alle Klassen	50,0 %	50,000 %
Klassen 2 bis 9	45,0 %	43,600 %
Klassen 3 bis 9	41,0 %	39,902 %
Klassen 4 bis 9	38,5 %	38,053 %
Klassen 5 bis 9	32,0 %	32,506 %

Die prozentuelle Auszahlung von sämtlichen Tippreihen beträgt in beiden Ziehungsarten jeweils 50 % des Spieleinsatzes. Für alle Tippreihen ohne Gewinn in Klasse 1 ging der prozentuelle Ausschüttungsanteil von 45 % auf durchschnittlich 43,6 % zurück. Der Grund dafür ist die starke Anhebung des Ausschüttungsanteils in Klasse 1 und die zusätzliche Klasse 9.

Auch für die Tippreihen ohne Gewinn in den Klassen 1 und 2 sowie für die Tippreihen ohne Gewinn in den Klassen 1 bis 3 wurde die prozentuelle durchschnittliche Ausschüttung beim jetzigen Lotto kleiner. Nur für die Tippreihen ohne Gewinn in den Klassen 1 bis 4 erhöhte sich der prozentuelle Anteil geringfügig. Wer also auf Dauer weder einen Sechser noch einen Fünfer erzielt, erhält bezogen auf den Spieleinsatz beim neuen Lotto im Mittel etwas mehr zurück.

Quotenbeispiele

Bei der ersten Ziehung des aktuellen Lottos am Samstag, den 4.5.2013, lautete die Gewinnreihe 5 7 11 21 22 48; Superzahl 8.

Der Spieleinsatz betrug 64.391.562 Euro. Aus den vorangegangenen Ziehungen, als es noch die Zusatzzahl gab, war bereits ein Jackpot der Höhe 10.124.732,80 Euro aufgebaut.

In der nachfolgenden Tabelle sind die Anzahl der Gewinne und die Quoten aufgeführt. Zum Vergleich stehen in der 3. Spalte die theoretischen Quoten. Vom gesamten Spieleinsatz wurde die Hälfte zur Ausschüttung bereitgestellt, also 32.195.781 Euro. Hinzu kam noch der Jackpot.

Klasse	prozent. Anteil	theoretische Quote (in Euro)	Anzahl Gewinne	Quote (in Euro)
1	12,8000 %	8.949.642,20	1	14.245.792,70
2	7,2072 %	574.596,50	3	773.476,00
3	3,6036 %	10.022,00	161	7.206,20
4	10,8109 %	3.340,60	1.412	2.465,00
5	3,6036 %	190,80	8.394	138,20
6	7,2072 %	42,40	70.349	32,90
7	7,2072 %	20,90	142.698	16,20
8	32,4326 %	10,40	1.188.483	8,70
9	15,1276 %	5,00	974.088	5,00

Bei zufälliger Auswahl aller Tippreihen wäre bei diesem Spieleinsatz im statistischen Durchschnitt mit ungefähr 852.403 Gewinnen in Klasse 9 zu rechnen gewesen. Die tatsächliche Anzahl war aber wesentlich größer. Daher musste 15,1276 % der gesamten Ausschüttungssumme für die Klasse 9 bereitgestellt werden. Der theoretische Anteil liegt bei 13,2378 %. In die Klasse 1 gingen 12,8 %. Der restliche Anteil von 72,0724 % wurde nach dem auf S. 71 aufgeführten Schlüssel verteilt. So erhält man die in der 2. Spalte angegebenen prozentuellen Ausschüttungsanteile für die einzelnen Klassen. Da der Anteil für Klasse 9 größer als der theoretische Anteil von 13,2378 % war, blieb für die restlichen 7 Klassen weniger übrig. Deshalb lagen alle Prozentwerte in den Klassen 2 bis 8 unter den theoretischen Werten. Die Quote in Klasse 1 war nur wegen des aufgebauten Jackpots höher als die theoretische Quote. In Klasse 2 lag die Quote deutlich über der theoretischen Quote. Die übrigen Quoten in den Klassen 3 bis 8 lagen alle unter den theoretischen Quoten, ja sogar unter den theoretischen Quoten beim früheren Lotto mit einem Reiheneinsatz von 0,75 Euro. Der Grund dafür ist wohl, dass bei dieser Gewinnreihe sehr viele Mustertipps zu einem Gewinn in den Klassen 3 bis 9 geführt haben.

Am darauf folgenden Mittwoch, den 8.5.2013, lautete die Gewinnreihe 4 6 11 22 30 42; SZ 7. Bei dem Spieleinsatz von 26.540.157,00 Euro ist im statistischen Mittel mit ungefähr 351.334 Gewinnen in Klasse 9 zu rechnen. Es gab jedoch 428.729 Gewinne, also wiederum überdurchschnittlich viele. Damit ging 16,15 % der gesamten Ausschüttungssumme, also wesentlich mehr als der theoretische Anteil von 13,2378 %, in die Klasse 9. Die Quoten sind in der 3. Spalte der nachfolgenden Tabelle zusammengestellt.

Am Samstag, den 11.5.2013, gab es die Gewinnreihe 3 7 31 32 40 41; SZ 2. Beim Spieleinsatz von 56.426.096,00 Euro war mit ungefähr 746.957 Gewinnen in Klasse 9 zu rechnen. Es gab 798.617. Vom gesamten Ausschüttungsbetrag ging 14,15 % in die Klasse 9. Die Quoten stehen in der 4. Spalte der nachfolgenden Tabelle.

Am Mittwoch, den 22.5.2013, lautete die Gewinnreihe 6 8 23 24 35 38; SZ 8. Beim Spieleinsatz von 24.658.139,00 Euro gab es 342.299 Gewinne in Klasse 9 bei einer erwarteten Anzahl von 326.420. Hier ging 13,88 % der Ausschüttungssumme in die Klasse 9. Die Quoten stehen in der 5. Spalte der nachfolgenden Tabelle.

Klasse	theoretische Quote (In Euro)	Quote in Euro am 8.5.2013	Quote in Euro am 11.5.2013	Quote in Euro am 22.5.2013
1	8.949.642,20	JP 1.698.570,00	2 x 2.654.920,00	JP 6.773.143,40
2	574.596,50	JP 942.786,30	6 x 500.609,20	1 x 903.945,30
3	10.022,00	7.482,40	12.122,70	14.124,10
4	3.340,60	2.724,80	3.203,40	3.976,20
5	190,80	147,30	181,20	205,50
6	42,40	37,20	36,70	48,00
7	20,90	16,10	18,80	20,10
8	10,40	9,50	8,80	11,10
9	5,00	5,00	5,00	5,00

Zusammenfassung

Beim aktuellen Lotto werden die **theoretischen Quoten** berechnet und mit denen beim **früheren Lotto** verglichen. Wegen der neuen Gewinnklasse 9 mit ihren vielen Gewinnen von 5 Euro werden die **mittleren Quoten von Tippreihen** berechnet, welche nur in niedrigeren Klassen einen Gewinn erzielen. Zum Vergleich geeignet sind die **prozentuellen Ausschüttungsanteile** von allen Tippreihen ohne Gewinn in höheren Gewinnklassen.

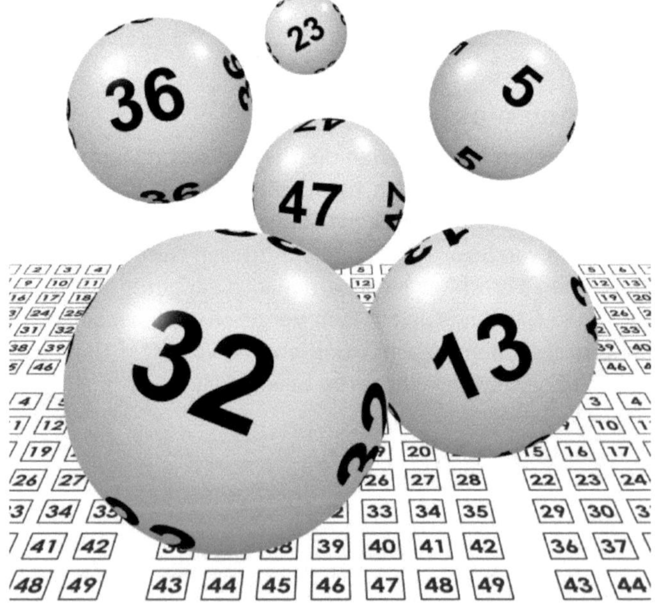

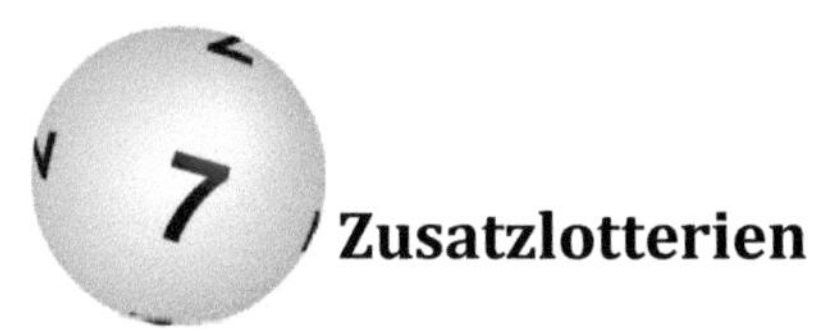

7 Zusatzlotterien

Auf dem Lottospielschein werden zusätzlich Teilnahmen an den Lotterien Spiel 77, Super 6 und GlücksSpirale angeboten. Dazu muss auf dem Spielschein das entsprechende ja-Feld angekreuzt werden. Eine Teilnahme erfolgt mit der auf dem Spielschein aufgedruckten Losnummer. Pro Veranstaltung beträgt der Spieleinsatz 2,50 Euro beim Spiel 77, 1,25 Euro bei der Super 6 und 5 Euro bei der GlücksSpirale (Stand 2014). Zusätzliche Gebühren werden nicht erhoben. Beim Spiel 77 und der Super 6 findet jeweils samstags und mittwochs eine Ziehung statt, bei der GlücksSpirale nur samstags. Im Gegensatz zum Lotto gibt es bei diesen Lotterien in fast allen Gewinnklassen feste Quoten.

Spiel 77

Gegen eine Gebühr von 2,50 Euro wird mit der 7-stelligen Losnummer auf dem Spielschein gespielt. Mittwochs und samstags wird jeweils eine 7-stellige Gewinnzahl ausgespielt. Entscheidend für einen Gewinn ist die maximale Anzahl der letzten Ziffern der Losnummer, die in gleicher Reihenfolge mit den entsprechenden Ziffern der Gewinnzahl übereinstimmen. Die maximal übereinstimmenden Ziffern nennt man auch „**richtige Endziffern**". Falls z. B. in einer Losnummer fünf Endziffern richtig sind, wären theoretisch auch vier oder weniger richtig. Nach dem **Ausschlussprinzip** gibt es dafür jedoch keine zusätzlichen Gewinne.

Insgesamt gibt es 10^7 = 10.000.000 verschiedene Losnummern, nämlich alle von 0 000 000 bis 9 999 999.

Insgesamt gibt es sieben Gewinnklassen. Zusammen mit den Quoten sind diese in der nachfolgenden Tabelle zusammengestellt.

Gewinnklassen und Quoten (Stand 2014):

Gewinn-klasse	richtige Endziffern	Quote (in Euro)
1	alle 7	*) mindestens 177.777,00 evtl. + 100.000; + 200.000; usw.
2	nur 6	77.777,00
3	nur 5	7.777,00
4	nur 4	777,00
5	nur 3	77,00
6	nur 2	17,00
7	nur 1	5,00

In den Gewinnklassen 2 bis 7 gibt es feste Quoten.

Wenn eine getippte Losnummer bis auf die letzte Ziffer mit der Gewinnzahl übereinstimmt, gibt es keinen Gewinn. Falls nur die zweitletzte Ziffer falsch ist, gibt es nur 5 Euro. Ich kann mir vorstellen, dass eine solche Situation für die betroffenen Personen doch etwas ärgerlich ist.

***) Quotenberechnung in Gewinnklasse 1**

Bei höchstens 50 Gewinnen in der Klasse 1 wird eine Minimalquote von 177.777,00 Euro garantiert. Zur Ausschüttung in Klasse 1 werden vom gesamten Spieleinsatz 7,111108 % bereitgestellt. Hinzu kommt der Jackpot aus der vorangegangenen Ziehung. Wenn die Klasse 1 nicht besetzt ist, geht der zur Ausschüttung in Klasse 1 bereitgestellte Betrag in den **Jackpot**. Andernfalls wird der Ausschüttungsbetrag durch die Anzahl der Gewinne in Klasse 1 dividiert. Falls dieser Quotient kleiner als 177.777,00 Euro ist, gibt es den garantierten Mindestgewinn von 177.777,00 Euro. Sonst wird der Quotient so abgerundet, bis von den Beträgen 177.777,00 Euro,

277.777,00 Euro, 377.777,00 Euro, 477.777,00 Euro usw. (jeweils + 100.000 Euro) der größte erreicht wird. Dies ergibt die Quote. Der Restbetrag geht in den **Jackpot**. Der Ausschüttungsanteil von 7,111108 % ist so gewählt, dass in Klasse 1 die **theoretische Quote 1.777.777,00 Euro** beträgt. Beim derzeitigen Spieleinsatz wird diese theoretische Quote höchstens dann erreicht oder gar überschritten, wenn ein entsprechend hoher Jackpot aufgebaut ist.

Bei mehr als 50 Gewinnen in Klasse 1 wird der Ausschüttungsbetrag auf 50 · 177.777,00 = 8.888.850,00 Euro begrenzt. Dieser Betrag wird unter allen Gewinnen aufgeteilt. Ich kann mir vorstellen, dass dieser Fall bei den Gewinnzahlen 7 777 777, 1 234 567, 7 654 321 eintreten kann. Beim Internet-Tippen könnten solche Losnummern bevorzugt getippt werden.

Anzahl der Losnummern mit einem Gewinn und Gewinnchancen in den einzelnen Klassen

Nur eine einzige Losnummer kann in einer Ziehung einen Gewinn in Klasse 1 erzielen, nämlich diejenige, die mit der gesamten 7-stelligen Gewinnzahl übereinstimmt. Damit eine Losnummer in Klasse 2 gewinnt, müssen die 6 Endziffern mit denen der Gewinnzahl übereinstimmen. Die erste Ziffer muss aber von der Anfangsziffer der Gewinnzahl verschieden sein, da ja sonst ein Gewinn in Klasse 1 erzielt würde. Damit gibt es 9 verschiedene Losnummern, die einen Gewinn in Klasse 2 erzielen. Bei einer Losnummer, die in Klasse 3 gewinnt, müssen die 5 Endziffern mit denen der Gewinnzahl übereinstimmen. Die Ziffer davor (2. Ziffer) muss aber von der entsprechenden Ziffer der Gewinnzahl verschieden sein, da sonst ja ein Gewinn in Klasse 2 oder Klasse 1 erzielt würde. Dafür gibt es 9 Möglichkeiten. Die erste Ziffer darf beliebig sein mit 10 Möglichkeiten. Insgesamt gibt es 9 · 10 = 90 verschiedene

Losnummern, die in Klasse 3 gewinnen. Die entsprechende Anzahl in den übrigen Klassen wird nach dem gleichen Prinzip berechnet. In der 2. Spalte der nachfolgenden Tabelle steht jeweils die Anzahl der Losnummern, die in den einzelnen Klassen gewinnen.

Das Verhältnis der Anzahl der Losnummern, die in der Klasse einen Gewinn erzielen, zur Gesamtanzahl 10.000.000 ergibt die Chance, dass ein Los in dieser Klasse gewinnt. Die Gewinnchancen stehen in der letzten Spalte der nachfolgenden Tabelle.

Die Chance, mit einem Los in einer der sieben Klassen zu gewinnen, ist 1 : 10. Dieses Ergebnis ist plausibel. Ein Los gewinnt ja nur, wenn die letzte Ziffer mit der letzten Ziffer der Gewinnzahl übereinstimmt.

Klasse (richtige Endziffern)	Anzahl der Losnummern	Gewinnchance mit einem Los (ganzzahlig gerundet)
1 (7 richtige)	1	1 : 10.000.000
2 (6 richtige)	9	9 : 10.000.000 = 1 : 1.111.111
3 (5 richtige)	90	90 : 10.000.000 = 1 : 111.111
4 (4 richtige)	900	900 : 10.000.000 = 1 : 11.111
5 (3 richtige)	9.000	9.000 : 10.000.000 = 1 : 1.111
6 (2 richtige)	90.000	90.000 : 10.000.000 = 1 : 111
7 (1 richtige)	900.000	900.000 : 10.000.000 = 1 : 11
gesamt	1.000.000	1.000.000 : 10.000.000 = 1 : 10

Theoretische Quote in Klasse 1 und mittlere prozentuelle Ausschüttungsanteile vom gesamten Spieleinsatz

Zur Berechnung sollen alle möglichen Losnummern jeweils 1-Mal eingesetzt werden. Dies ergibt einen Spieleinsatz von 25 Mio. Euro. Die Anzahl der Gewinne in den einzelnen Klassen kann aus der Tabelle auf Seite 92 übernommen werden. Vom Gesamteinsatz gehen 7,1111108 % als Ausschüttung in die Klasse 1 bzw. in den Jackpot. Da es nur einen einzigen Gewinn in Klasse 1 gibt, erhält man dadurch die **theoretische Quote** in Klasse 1 als **1.777.777,00 Euro**. In den anderen Klassen erhält man die Ausschüttungsanteile durch Multiplikation der Anzahl der Gewinnlose mit den Quoten.

Klasse	Anzahl der Gewinne	Aussschüttungs-beträge (in Euro)	mittlere prozentuelle Ausschüttung
1	1	1.777777,00	7,1111108 %
2	9	699.993,00	2,7999720 %
3	90	699.930,00	2,7997200 %
4	900	699.300,00	2,7972000 %
5	9.000	693.000,00	2,7720000 %
6	90.000	1.530.000,00	6,1200000 %
7	900.000	4.500.000,00	18,0000000 %
gesamt	1.000.000	10.600.000,00	42,4000000 %

In den Klassen 2 bis 7 hängen die prozentuellen Ausschüttungsanteile aus dem gesamten Spieleinsatz von der Anzahl der Gewinne, also vom Zufall ab. Division der Ausschüttungsbeträge durch die Gesamtausschüttung 10.600.000 und anschließende Multiplikation mit 100 ergibt die mittleren prozentuellen Ausschüttungsanteile. In den einzelnen Ziehungen schwanken die Prozentwerte um diese Mittelwerte. Auf Dauer wird ungefähr 42,40 % der gesamten Spieleinsätze ausgeschüttet, also weniger als 50 %.

Super 6

Zur Teilnahme an der Lotterie Super 6 muss auf dem Tippschein das entsprechende ja-Feld angekreuzt werden. Der Spieleinsatz beträgt pro Ziehung 1,25 Euro. Zusätzliche Gebühren fallen nicht an. Die Teilnahme erfolgt mit der Losnummer auf dem Spielschein. Dabei gelten die letzten sechs Ziffern als getippt. Für jede Mittwochs- und Samstagsziehung wird unabhängig von der Gewinnzahl für das Spiel 77 eine 6-stellige Gewinnzahl zwischen 000 000 und 999 999 ausgespielt.

Insgesamt gibt es 10^6 = 1.000.000 verschiedene Tippmöglichkeiten. Die erste Ziffer der Losnummer zählt dabei nicht. Gewinnentscheidend ist wie beim Spiel 77 die maximale Anzahl der letzten Ziffern der Losnummer, die in gleicher Reihenfolge mit den entsprechenden Ziffern der 6-stelligen Gewinnzahl übereinstimmen. Es gibt sechs Gewinnklassen.

Gewinnklassen und Quoten

Gewinnklasse	Quote
Klasse 1 (6 richtige Endziffern)	*) 100.000,00 Euro bei höchstens 100 Gewinnen
Klasse 2 (5 richtige Endziffern)	6.666,00 Euro
Klasse 3 (4 richtige Endziffern)	666,00 Euro
Klasse 4 (3 richtige Endziffern)	66,00 Euro
Klasse 5 (2 richtige Endziffern)	6,00 Euro
Klasse 6 (1 richtige Endziffer)	2,50 Euro

Bei der Super 6 gibt es **keinen Jackpot**. In den Gewinnklassen 2 bis 6 sind die Quoten garantiert.

*) Bei höchstens 100 Gewinnen in Klasse 1 wird die garantierte Quote von 100.000 Euro ausgezahlt. Diese Quote wird unterschritten, wenn es in Klasse 1 mehr als 100 Gewinne gibt. Ich kann mir vorstellen, dass dies bei den Gewinnzahlen 666 666, 123 456, 654 321 eintreten kann, weil diese Losnummern beim Internet-Tippen beliebt sein könnten. Dann wird der Ausschüttungsbetrag 100 · 100.000 = 10.000.000 Euro durch die Anzahl der Gewinne dividiert und auf ganze 10 Cent abgerundet.

Anzahl der möglichen Gewinnnummern

Die Berechnung der Anzahl der Losnummern, die in den einzelnen Klassen einen Gewinn erzielen, verläuft ähnlich wie beim Spiel 77. Diese sind in der nachfolgenden Tabelle zusammengestellt.

Gewinnklasse	Anzahl der Gewinnlose
Klasse 1 (6 richtige Endziffern)	1
Klasse 2 (5 richtige Endziffern)	9
Klasse 3 (4 richtige Endziffern)	90
Klasse 4 (3 richtige Endziffern)	900
Klasse 5 (2 richtige Endziffern)	9.000
Klasse 6 (1 richtige Endziffer)	90.000
Summe	100.000

Gewinnchancen mit einem einzigen Los

Die Chance, dass ein Los in der jeweiligen Klasse gewinnt, ist das Verhältnis der Anzahl der Gewinnnummern zur Gesamtanzahl 1.000.000. Diese sind in der nachfolgenden Tabelle zusammengestellt.

Gewinnklasse	Chance mit einem einzigen Los (ganzzahlig gerundet)
1 (6 richtige Endziffern)	1 : 1.000.000
2 (5 richtige Endziffern)	9 : 1.000.000 = 1 : 111.111
3 (4 richtige Endziffern)	90 : 1.000.000 = 1 : 11.111
4 (3 richtige Endziffern)	900 : 1.000.000 = 1 : 1.111
5 (2 richtige Endziffern)	9.000 : 1.000.000 = 1 : 111
6 (1 richtige Endziffer)	90.000 : 1.000.000 = 1 : 11
in einer beliebigen Klasse	100.000 : 1.000.000 = 1 : 10

Ein Gewinn in irgendeiner Gewinnklasse wird nur dann erzielt, wenn die letzte Ziffer der Losnummer mit der letzten Ziffer der Gewinnzahl übereinstimmt. Die Chance dafür ist 1 : 10. In welcher Klasse dann gewonnen wird, das hängt von den übrigen Ziffern der Losnummer ab.

Mittlere prozentuelle Ausschüttungsanteile von den Spieleinsätzen

Wie beim Spiel 77 sollen zur Berechnung alle möglichen Losnummern jeweils 1-Mal eingesetzt werden. Dies ergibt einen

Spieleinsatz von 1.250.000,00 Euro. Die Anzahl der Gewinne in den einzelnen Klassen kann aus der Tabelle auf Seite 95 übernommen werden. Division der Ausschüttungsbeträge durch den Spieleinsatz 1.250.000 ergibt die mittleren prozentuellen Ausschüttungsanteile für die jeweiligen einzelnen Klassen.

Klasse	Anzahl Gewinne	Ausschüttungs-beträge (in Euro)	mittlere prozentuelle Ausschüttung
1	1	100.000,00	8,0000000 %
2	9	59.994,00	4,7995200 %
3	90	59.940,00	4,7952000 %
4	900	59.400,00	4,7520000 %
5	9.000	54.000,00	4,3200000 %
6	90.000	225.000,00	18,0000000 %
Summe	100.000	558.334,00	44,6667200 %

Wie beim Spiel 77 hängen hier die prozentuellen Ausschüttungsanteile aus dem gesamten Spieleinsatz von der Anzahl der Gewinne, also vom Zufall ab. Die Anteile schwanken in den einzelnen Ziehungen um die in der obigen Tabelle angegebenen mittleren Prozentwerte. Auf Dauer wird ungefähr 44,67 % der gesamten Spieleinsätze ausgeschüttet, also weniger als 50 %.

GlücksSpirale

Ziehungen der Lotterie GlücksSpirale finden nur samstags statt. Mit einem Einsatz von 5 Euro pro Ziehung ist eine Teilnahme mit der 7-stelligen Losnummer des Lotto-Spielscheins möglich. Für diese Lotterie gibt es auch gesonderte Spielscheine. Damit kann sogar über einen längeren Zeitraum getippt werden. In einigen Bundesländern kann auch mit Anteilen gespielt werden. 1/2 Los kostet 2,50 Euro, 1/5 Los 1,00 Euro. In diesem Verhältnis werden dann auch die Gewinne reduziert. Wegen dieser Sonderregelung werden die Gewinne mit einer Stelle hinter dem Komma ausgewiesen.

Wie beim Spiel 77 gibt es 10^7 = 10.000.000 verschiedene Losnummern. Im Gegensatz zum Spiel 77 und der Super 6 wird bei der GlücksSpirale für jede Gewinnklasse getrennt eine Gewinnzahl gezogen. In der Gewinnklasse 1 ist die Gewinnzahl 1-stellig, in der Gewinnklasse 2 ist sie 2-stellig usw., in der höchsten Gewinnklasse 7 ist sie 7-stellig. In den beiden oberen Gewinnklassen 6 und 7 werden dabei jeweils zwei Gewinnzahlen gezogen, was eine Chancenverdoppelung in diesen Klassen bedeutet.

Bei dieser Lotterie werden die Klassen anders als beim Lotto durchnummeriert. Die jeweilige Klassennummer stimmt mit der Anzahl der richtigen Ziffern für diese Klasse überein.

Gewinnklassen und Quoten

Gewinn-klasse	Gewinn-zahl	Anzahl richtiger Endziffern	Quote (in Euro)
1	1-stellig	1 richtige Endziffer	10,00
2	2-stellig	2 richtige Endziffern	20,00
3	3-stellig	3 richtige Endziffern	50,00
4	4-stellig	4 richtige Endziffern	500,00
5	5-stellig	5 richtige Endziffern	5.000,00
6	6-stellig, 2 x	6 richtige Endziffern	*) 100.000,00
7	7-stellig, 2 x	7 richtige Endziffern	**) 2.100.000,00 oder mind. 7.500,00 monatliche Sofortrente

In den Klassen 6 und 7 gibt es eine Gewinnbegrenzung.

*) Werden in Gewinnklasse 6 mehr als 100 Gewinne ermittelt, so wird die Gewinnsumme dieser Klasse auf
100 · 100.000 = 10.000.000 Euro begrenzt. Dieser Höchstbetrag wird dann gleichmäßig aufgeteilt.
**) Bei mehr als 10 Gewinnen in Klasse 7 wird der Höchstbetrag von 10 · 2.100.000 = 21.000.000 Euro auf die Anzahl der Gewinne aufgeteilt. Entsprechend mindert sich dann auch die monatliche Rente.

Bei der **monatlichen Rente** handelt es sich um eine Mindestrente. Die Gesellschaft zahlt dafür 2.100.00 Euro (entsprechend weniger bei mehr als 10 Gewinnen) an eine Versicherung ein. Von dort wird die monatliche Sofortrente in Abhängigkeit vom Alter der Person berechnet und an diese bis an ihr Lebensende monatlich ausgezahlt.

Auch bei dieser Lotterie gilt das **Ausschlussprinzip**. Ein Los, das in einer Klasse gewinnt, kann nicht gleichzeitig auch noch in einer niedrigeren Klasse gewinnen.

Anzahl der Losnummern, die in den einzelnen Klassen gewinnen

Zur Berechnung der Anzahl der Lose, die in den einzelnen Klassen gewinnen können, soll davon ausgegangen werden, dass alle 10.000.000 Lose jeweils 1-Mal eingesetzt werden. Dies ergibt einen Spieleinsatz von 50 Mio. Euro. Die Anzahl der Lose, die in den einzelnen Klassen gewinnen können, hängt von den einzelnen Gewinnzahlen, also davon ab, wie oft das Ausschlussprinzip angewandt werden muss. Dazu zwei Beispiele.

Ziehung ohne Ausschlussprinzip

Bei den Gewinnzahlen in der nachfolgenden Tabelle muss das Ausschlussprinzip nicht angewandt werden. Nur zwei Losnummern stimmen mit einer der beiden Gewinnzahlen in Klasse 7 überein. In Klasse 6 sind es 20 Losnummern, jeweils 10 mit den 6 richtigen Endziffern. Die erste Ziffer darf dabei beliebig sein. In Klasse 5 gewinnen alle Losnummern mit den Endziffern 40210. Dabei dürfen die ersten beiden Ziffern beliebig sein. Somit gibt es 10 · 10 = 100 Losnummern, die bei dieser Ziehung in Klasse 5 gewinnen können. So fortfahrend erhält man die jeweilige Anzahl der Gewinnlose aus der letzten Spalte der nachfolgenden Tabelle.

Gewinn-klasse	Gewinnzahlen	Anzahl der Gewinnlose
7	2367458 und 8795239	2
6	143839 und 945023	20
5	40210	100
4	7375	1.000
3	617	10.000
2	93	100.000
1	4	1.000.000
Summe		1.111.122

Weil keine Gewinnzahl mit den entsprechenden Endziffern einer höherziffrigen Gewinnzahl übereinstimmt, muss das Ausschlussprinzip nicht angewandt werden. Hier gibt es die maximale Anzahl von Gewinnlosen, nämlich 1.111.122.

Ziehung mit Ausschlussprinzip

Gewinn-klasse	Gewinnzahlen	Anzahl der Gewinnlose
7	6248432 und 1154321	2
6	992**213** und 207023	20
5	51359	100
4	755**4**	1.000
3	**213**	9.990
2	69	100.000
1	**4**	999.000
Summe		1.110.112

Bei dieser Ziehung muss das Ausschlussprinzip angewandt werden. Die 3-stellige Gewinnzahl 213 stimmt mit den letzten drei Ziffern der 6-stelligen Gewinnzahl 992213 überein. Deswegen haben von den Losen mit 3 richtigen Endziffern bereits 10 in Klasse 6 gewonnen. Diese müssen subtrahiert werden. Die 1-stellige Gewinnzahl 4 tritt als letzte Ziffer der 4-stelligen Gewinnzahl 7554 auf. Daher haben von den Losen mit der richtigen Endziffer 4 bereits 1.000 in Klasse 4 gewonnen. Diese müssen von der Anzahl aus der Tabelle der vorigen Seite subtrahiert werden. Dadurch erhält man die in der Tabelle aufgeführte Anzahl der Losnummern, die in den einzelnen Klassen gewinnen.

Gewinnchancen mit einem Los

Wegen des **Ausschlussprinzips** ist Anzahl der Losnummern, die in einer Ziehung gewinnen, nicht in jeder Ziehung gleich. Man kann jedoch die Wahrscheinlichkeiten berechnen, mit denen ein Los in den einzelnen Klassen gewinnt. Daraus erhält man die exakten Gewinnchancen. So ist z.B. die Chance, dass ein Los in der Klasse 1 gewinnt, gleich 1 : 10,11214. Dies ergibt die gerundete Chance von 1 : 10. Alle gerundeten Chancen erhält man übrigens aus dem obigen Beispiel ohne erforderliche Anwendung des Ausschlussprinzips (S. 100). Bei der GlücksSpirale hat das Ausschlussprinzip nur sehr kleine Auswirkungen auf die Gewinnchancen. Die ganzzahlig gerundeten Chancen sind genau so groß wie die ganzzahlig gerundeten Chancen bei den Ziehungen ohne Ausschlussprinzip. Die exakt berechneten Chancen sind nur geringfügig kleiner. Die gerundeten Chancen erhält man als Verhältnis der auf S. 100 angegebenen Anzahl der Gewinnlose ohne Ausschlussprinzip zur Gesamtanzahl 10.000.000. Formales Kürzen und ganzzahliges Runden ergibt die gerundeten Chancen.

Quoten und Gewinnchancen mit einem Los

Klasse (Gewinnzahl)	richtige End-ziffern	Quote	Chance (gerundet)
1 (1-stellig)	nur 1	10 Euro	1 : 10
2 (2-stellig)	nur 2	20 Euro	1 : 100
3 (3-stellig)	nur 3	50 Euro	1 : 1.000
4 (4-stellig)	nur 4	500 Euro	1 : 10.000
5 (5-stellig)	nur 5	5.000 Euro	1 : 100.000
6 (6-stellig), 2x	nur 6	*) 100.000 Euro	1 : 500.000
7 (7-stellig), 2x	alle 7	**) 2.100.000 Euro oder mind. 7.500 monatliche Sofort-rente	1 : 5.000.000 (exakt)
Gewinnchance insgesamt			1 : 9

Mittlere prozentuelle Ausschüttungsanteile vom Spieleinsatz

Zur Berechnung werden alle 10.000.000 verschiedene Losnummern 1-Mal eingesetzt. Der Spieleinsatz beträgt dann 50 Mio. Euro. Die größtmögliche Anzahl von Gewinnlosen erhält man bei den Ziehungen ohne Ausschlussprinzip. Diese sind auf S. 100 aufgeführt. Multiplikation mit den Quoten aus S. 96 ergibt die Ausschüttungsbeträge in den einzelnen Klassen. Division der Ausschüttungsbeträge durch den Spieleinsatz 50.000.000 ergibt nach anschließender Multiplikation mit 100 die prozentuellen mittleren Ausschüttungsanteile für die einzelnen Gewinnklassen.

Klasse	Anzahl der Gewinne	Aussschüttungs-beträge (in Euro)	mittlere prozentuelle Ausschüttung
7	2	4.200.000,00	8,4 %
6	20	2.000.000,00	4,0 %
5	100	500.000,00	1,0 %
4	1.000	500.000,00	1,0 %
3	10.000	500.000,00	1,0 %
2	100.000	2.000.000,00	4,0 %
1	1.000.000	10.000.000,00	20,0 %
gesamt	1.111.122	19.700.000,00	39,4 %

Bei den Ziehungen ohne Ausschlussprinzip wird auf Dauer ungefähr 39,4 % des Spieleinsatzes ausgezahlt. Bei den Ziehungen mit Ausschlussprinzip sind die prozentuellen Ausschüttungen nur geringfügig kleiner. Allgemein kann mit Hilfe der Wahrscheinlichkeitsrechnung gezeigt werden, dass in allen Ziehungen zusammen im statistischen Durchschnitt ungefähr 39,379 % der gesamten Spieleinsätze ausgeschüttet wird. Dieser Prozentsatz liegt nur geringfügig unter der Prozentzahl 39,4 % bei den Ziehungen ohne Ausschlussprinzip.

Zusammenfassung

Die Teilnahme an den Lotterien **Spiel 77**, **Super 6** und **GlücksSpirale** erfolgt mit der 7-stelligen Losnummer auf dem Lottoschein.

Beim **Spiel 77** wird eine 7-stellige, bei der **Super 6** eine 6-stellige Gewinnzahl ausgespielt.

Beim **Spiel 77** gibt es in Klasse 1 eine Quote von mindestens 177.777,00 Euro, falls die Anzahl der Gewinne nicht größer als 50 ist. Die **theoretische Quote** beträgt 1.777.777,00 Euro. In den übrigen Klassen gibt es feste Quoten. Für alle Gewinnklassen werden die Gewinnchancen bestimmt.

Bei der **Super 6** gibt es in der Klasse 1 eine Quote von 100.000 Euro, falls die Anzahl der Gewinne nicht größer als 100 ist.

Bei der **GlücksSpirale** wird für die unteren fünf Klassen jeweils eine einzige Gewinnzahl, in den beiden oberen Klassen jeweils zwei Gewinnzahlen gezogen. In allen Klassen gibt es feste Quoten. Allerdings werden in den beiden oberen Klassen die Quoten reduziert, falls es dort mehr als 100 bzw. mehr als 10 Gewinne gibt. Auch hier werden die ganzzahlig gerundeten Gewinnchancen bestimmt. Bei den Lotterien werden für alle Gewinnklassen die **mittleren prozentuellen Ausschüttungsanteile** aus den Spieleinnahmen bestimmt.

8 Lotto-Vollsysteme

Bei einem **Vollsystem** wird zunächst eine bestimmte Anzahl von **Systemzahlen** vorgegeben. Alle möglichen Reihen aus diesen Zahlen werden dann getippt. Durch die Anzahl der Systemzahlen ist die Anzahl aller möglichen Tippreihen bestimmt. Falls sich unter den Systemzahlen alle sechs Gewinnzahlen befinden, gibt es garantiert einen Sechser. Gleichzeitig werden dann noch weitere Gewinne in niedrigeren Klassen erzielt. Bei fünf richtigen Systemzahlen ist ein Fünfer sicher, bei 4 richtigen ein Vierer und bei 3 richtigen ein Dreier. Bei zwei richtigen Systemzahlen gibt es mehrere Zweier. Für einen Gewinn muss dann allerdings die Superzahl richtig getippt sein. Die Anzahl der Gewinne in den einzelnen Gewinnklassen hängt nur von der Anzahl der Gewinnzahlen im System und nicht von den speziellen Gewinnzahlen ab. Daraus kann die Anzahl der jeweiligen Gewinne bestimmt werden. Die Berechnung erfolgt nach der gleichen Methode wie bei der Bestimmung der Anzahl aller verschiedenen Gewinnreihen in Kapitel 3.

Zum Beispiel werden bei einem Vollsystem mit 20 Systemzahlen alle möglichen Tippreihen aus den 20 Zahlen gespielt. Bei dieser „6 aus 20"-Auswahl gibt es insgesamt

$\binom{20}{6} = \frac{20 \cdot 19 \cdot 18 \cdot 17 \cdot 16 \cdot 15}{1 \cdot 2 \cdot 3 \cdot 4 \cdot 5 \cdot 6}$ = 38.760 verschiedene Tippreihen.

In der nachfolgenden Tabelle ist in Abhängigkeit von der Anzahl der Systemzahlen die Anzahl der Tippreihen des Vollsystems angegeben.

Vollsystem	Anzahl der System-zahlen	Anzahl der Tippreihen	Spieleinsatz ohne Gebühren (in Euro)
6 aus 7	7	7	7,00
6 aus 8	8	28	28,00
6 aus 9	9	84	84,00
6 aus 10	10	210	210,00
6 aus 11	11	462	462,00
6 aus 12	12	924	924,00
6 aus 13	13	1.716	1.716,00
6 aus 14	14	3.003	3.003,00
6 aus 15	15	5.005	5.005,00
6 aus 16	16	8.008	8.008,00
6 aus 17	17	12.376	12.376,00
6 aus 18	18	18.564	18.564,00
6 aus 19	19	27.132	27.132,00
6 aus 20	20	38.760	38.760,00

Vom Lottoblock zugelassene Vollsysteme

In den Bundesländern sind bis zu 13 Systemzahlen zugelassen. Dafür gibt es gesonderte Spielscheine. Zum Spielen muss die Anzahl der Systemzahlen angekreuzt werden. Im Tippfeld können die Systemzahlen getippt werden. Damit sind sämtliche Reihen des Systems getippt. VEW-Systeme (Teilsysteme) werden hier nicht behandelt.

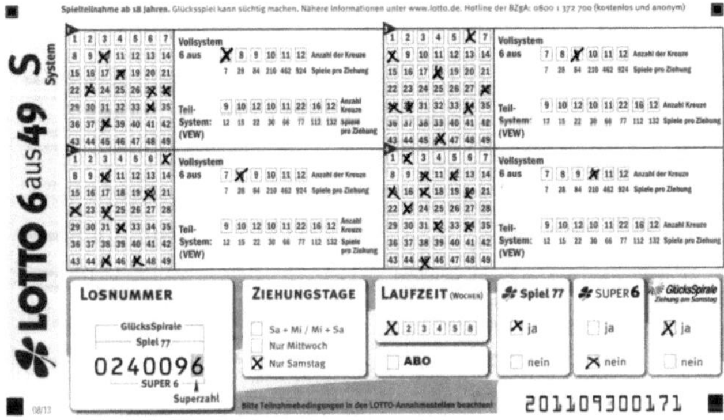

Abb. 2: Vollsystem-Schein

„6 aus 7“-Vollsystem. System 007

Das System besteht aus 7 Systemzahlen. Für jede Tippreihe werden aus den 7 Systemzahlen sechs Zahlen ausgewählt. In jeder Tippreihe wird also jeweils eine Systemzahl weggelassen.

Das System besteht aus $\binom{7}{6} = \binom{7}{1}$ = 7 Tippreihen.

Bei der Berechnung der möglichen Anzahl von Gewinnen bleibt zunächst die Superzahl unberücksichtigt. Es wird nur berechnet, wie oft das System 6, 5, 4, 3 oder 2 Richtige erzielt. Falls auf dem Tippschein die Superzahl stimmt, ist bei allen Gewinnen die Superzahl richtig getippt. Im Gewinnfall wird dann in den höheren Gewinnklassen 1, 3, 5, 7 oder 9 gewonnen. Aus 2 Richtigen werden 2 Richtige mit Superzahl mit einem Gewinn von 5 Euro. Ist die Superzahl nicht richtig, so sind höchstens Gewinne in den Klassen 2, 4, 6 oder 8 möglich, nicht aber in der Klasse 9. Bei weniger als zwei richtig getippten Systemzahlen gibt es keinen Gewinn, auch wenn die Superzahl stimmt. Die Anzahl der Tippreihen mit 6 bis 2 Gewinnzahlen wird wie in Kapitel 5 mit Hilfe kombinatorischer Methoden berechnet.

Chance für einen Sechser mit dem System

Damit das System einen Sechser erzielt, müssen alle sechs Gewinnzahlen in den 7 Systemzahlen enthalten sein. Dafür gibt es $\binom{7}{6} = 7$ Möglichkeiten. Diese Anzahl stimmt mit der Anzahl der getippten Reihen überein. Daher lautet die Chance für einen Sechser 7 : 13.983.816. Die prozentuelle Chance auf einen Sechser ist 0,0000501 %. In ungefähr 0,00005 % aller Ziehungen erzielt dieses System einen Sechser. Die Chance für einen Sechser ist mit diesem System genauso groß wie die Chance mit der gleichen Anzahl beliebig ausgewählter verschiedener Reihen. Die Chance für einen Sechser mit Superzahl beträgt 7 : 139.838.160 = 1 : 19.976.860, die Chance auf einen Sechser ohne Superzahl ist 9-Mal größer. Sie lautet 63 : 139.838.160 = 1 : 2.219.653.

Gewinntabelle

Treffer in 7 Systemzahlen	Anzahl der Gewinne in Klasse									prozentuelle Chance
	1	2	3	4	5	6	7	8	9	
6 mit SZ	1	–	6	–	–	–	–	–	–	0,00000501 %
6 ohne SZ	–	1	–	6	–	–	–	–	–	0,00004505 %
5 mit SZ	–	–	2	–	5	–	–	–	–	0,00063073 %
5 ohne SZ	–	–	–	2	–	5	–	–	–	0,00567656 %
4 mit SZ	–	–	–	–	3	–	4	–	–	0,02154991 %
4 ohne SZ	–	–	–	–	–	3	–	4	–	0,19394921 %
3 mit SZ	–	–	–	–	–	–	4	–	3	0,28733216 %
3 ohne SZ	–	–	–	–	–	–	–	4	–	2,58598940 %
2 mit SZ	–	–	–	–	–	–	–	–	5	1,68089311 %
gesamte prozentuelle Gewinnchance (Summe)										4,77607114 %

Die Gewinntabelle sieht auf den ersten Blick vielversprechend aus. Im Gewinnfall gibt es ja gleich mehrere Gewinne. Die Voraussetzung dafür ist allerdings die Bedingung, dass sich unter den Systemzahlen tatsächlich die angegebene Anzahl von Gewinnzahlen befindet. In der letzten Spalte steht jeweils die **prozentuelle Chance** für die in der Zeile ausgeführten Gewinne. In ungefähr 0,000005 % aller Ziehungen gibt es mit diesem System einen Sechser und sechs Fünfer jeweils mit Superzahl, in etwa 0,000045 % der Ziehungen einen Sechser und sechs Fünfer jeweils ohne Superzahl.

Addition aller 9 prozentueller Chancen ergibt die prozentuelle Chance auf einen Gewinn in einer der 9 Klassen. Auf Dauer gewinnt dieses Vollsystem in ungefähr 4,78 % aller Ziehungen, also in etwa 21 Ziehungen 1-Mal. Nach S. 66 gewinnt eine einzige Tippreihe in ungefähr 3,1875 % aller Ziehungen, also in ungefähr 31 Ziehungen jeweils 1-Mal. Mit dem Vollsystem wird auf Dauer seltener gewonnen als mit 7 zufällig ausgewählten Tippreihen. Dafür gibt es mit dem System im Gewinnfall gleich mehrere Gewinne.

Vollsysteme erhöhen nicht die Chance auf einen Sechser

Die Chance auf einen Sechser ist bei jedem Vollsystem genau so groß wie mit der gleichen Anzahl beliebig ausgewählter verschiedener Tippreihen. Vollsysteme erhöhen die Chance auf einen Sechser nicht.

Mit Vollsystemen gewinnt man seltener, im Gewinnfall dafür aber mehr

Mit einem Vollsystem gewinnt man nicht so oft wie mit der gleichen Anzahl beliebig ausgewählter verschiedener Tippreihen. Dafür gibt es im Gewinnfall mit dem System gleich mehrere Gewinne.

„6 aus 8“-Vollsystem. System 008

In jeder Tippreihe müssen aus den 8 Systemzahlen 6 ausgewählt, also jeweils zwei Systemzahlen weggelassen werden.

Das System besteht aus $\binom{8}{6} = \binom{8}{2} = \frac{8 \cdot 7}{1 \cdot 2} = 28$ Tippreihen.

Die Werte der Gewinntabelle werden wie beim „6 aus 7“-Vollsystem berechnet.

Gewinntabelle

Treffer in 8 System-zahlen	Anzahl der Gewinne in Klasse									prozentuelle Chance
	1	2	3	4	5	6	7	8	9	
6 mit SZ	1	–	12	–	15	–	–	–	–	0,00002002 %
6 ohne SZ	–	1	–	12	–	15	–	–	–	0,00018021 %
5 mit SZ	–	–	3	–	15	–	10	–	–	0,00164190 %
5 ohne SZ	–	–	–	3	–	15	–	10	–	0,01477708 %
4 mit SZ	–	–	–	–	6	–	16	–	6	0,04104645 %
4 ohne SZ	–	–	–	–	–	6	–	16	–	0,36942706 %
3 mit SZ	–	–	–	–	–	–	10	–	15	0,42689349 %
3 ohne SZ	–	–	–	–	–	–	–	10	–	3,84204140 %
2 mit SZ	–	–	–	–	–	–	–	–	15	2,02774407 %
gesamte prozentuelle Gewinnchance (Summe)										6,72377268 %

Im statistischen Durchschnitt gewinnt man mit diesem System in ungefähr 6,72 % aller Ziehungen.

„6 aus 9“-Vollsystem. System 009

Aus den 9 Systemzahlen werden für eine Tippreihe sechs Zahlen ausgewählt. Von den 9 Systemzahlen werden also jeweils drei weggelassen.

Anzahl der Tippreihen: $\binom{9}{6} = \binom{9}{3} = \frac{9 \cdot 8 \cdot 7}{1 \cdot 2 \cdot 3}$ = 84.

Gewinntabelle

Treffer in 9 System-zahlen	Anzahl der Gewinne in Klasse									prozentuelle Chance
	1	2	3	4	5	6	7	8	9	
6 mit SZ	1	–	18	–	45	–	20	–	–	0,00006007 %
6 ohne SZ	–	1	–	18	–	45	–	20	–	0,00054062 %
5 mit SZ	–	–	4	–	30	–	40	–	10	0,00360417 %
5 ohne SZ	–	–	–	4	–	30	–	40	–	0,03243750 %
4 mit SZ	–	–	–	–	10	–	40	–	30	0,07028125 %
4 ohne SZ	–	–	–	–	–	10	–	40	–	0,63253121 %
3 mit SZ	–	–	–	–	–	–	20	–	45	0,59348607 %
3 ohne SZ	–	–	–	–	–	–	–	20	–	5,34137463 %
2 mit SZ	–	–	–	–	–	–	–	–	35	2,35274835 %
gesamte prozentuelle Gewinnchance (Summe)										9,02706386 %

Dieses System gewinnt auf Dauer ungefähr 9,03% aller Ziehungen.

„6 aus 10"-Vollsystem. System 010

Aus den 10 Systemzahlen werden für eine Tippreihe jeweils sechs ausgewählt.

Anzahl der Tippreihen: $\binom{10}{6} = \binom{10}{4} = \frac{10 \cdot 9 \cdot 8 \cdot 7}{1 \cdot 2 \cdot 3 \cdot 4}$ = 210.

Gewinntabelle

Treffer in 10 System-zahlen	Anzahl der Gewinne in Klasse									prozentuelle Chance
	1	2	3	4	5	6	7	8	9	
6 mit SZ	1	–	24	–	90	–	80	–	15	0,00015017 %
6 ohne SZ	–	1	–	24	–	90	–	80	–	0,00135156 %
5 mit SZ	–	–	5	–	50	–	100	–	50	0,00702812 %
5 ohne SZ	–	–	–	5	–	50	–	100	–	0,06325312 %
4 mit SZ	–	–	–	–	15	–	80	–	90	0,11127864 %
4 ohne SZ	–	–	–	–	–	15	–	80	–	1,00150774 %
3 mit SZ	–	–	–	–	–	–	35	–	105	0,78424945 %
3 ohne SZ	–	–	–	–	–	–	–	35	–	7,05824505 %
2 mit SZ	–	–	–	–	–	–	–	–	70	2,64684189 %
gesamte prozentuelle Gewinnchance (Summe)										11,67390571 %

Auf Dauer gewinnt dieses System in ungefähr 11,67 % aller Ziehungen.

„6 aus 11"-Vollsystem. System 011

Für jede getippte Reihe werden aus den 11 Systemzahlen sechs ausgewählt.

Anzahl der Tippreihen: $\binom{11}{6} = \frac{11 \cdot 10 \cdot 9 \cdot 8 \cdot 7 \cdot 6}{1 \cdot 2 \cdot 3 \cdot 4 \cdot 5 \cdot 6}$ = 462.

Gewinntabelle

Treffer in 11 Systemzahlen	Anzahl der Gewinne in Klasse									prozentuelle Chance
	1	2	3	4	5	6	7	8	9	
6 mit SZ	1	–	30	–	150	–	200	–	75	0,00033038 %
6 ohne SZ	–	1	–	30	–	150	–	200	–	0,00297344 %
5 mit SZ	–	–	6	–	75	–	200	–	150	0,01255451 %
5 ohne SZ	–	–	–	6	–	75	–	200	–	0,11299062 %
4 mit SZ	–	–	–	–	21	–	140	–	210	0,16589892 %
4 ohne SZ	–	–	–	–	–	21	–	140	–	1,49309030 %
3 mit SZ	–	–	–	–	–	–	56	–	210	0,99539353 %
3 ohne SZ	–	–	–	–	–	–	–	56	–	8,95854179 %
2 mit SZ	–	–	–	–	–	–	–	–	126	2,90323114 %
gesamte prozentuelle Gewinnchance (Summe)										14,64500463 %

Dieses System gewinnt in ungefähr 14,65 % aller Ziehungen.

„6 aus 12"-Vollsystem. System 012

Von den 12 Systemzahlen werden jeweils sechs Zahlen getippt.

Anzahl der Tippreihen: $\binom{12}{6} = \frac{12 \cdot 11 \cdot 10 \cdot 9 \cdot 8 \cdot 7}{1 \cdot 2 \cdot 3 \cdot 4 \cdot 5 \cdot 6}$ = 924.

Gewinntabelle

Treffer in 12 System-zahlen	Anzahl der Gewinne in Klasse									prozentuelle Chance
	1	2	3	4	5	6	7	8	9	
6 mit SZ	1	–	36	–	225	–	400	–	225	0,00066076 %
6 ohne SZ	–	1	–	36	–	225	–	400	–	0,00594687 %
5 mit SZ	–	–	7	–	105	–	350	–	350	0,02095565 %
5 ohne SZ	–	–	–	7	–	105	–	350	–	0,18860088 %
4 mit SZ	–	–	–	–	28	–	224	–	420	0,23575110 %
4 ohne SZ	–	–	–	–	–	28	–	224	–	2,12175990 %
3 mit SZ	–	–	–	–	–	–	84	–	378	1,22241311 %
3 ohne SZ	–	–	–	–	–	–	–	84	–	11,00171799 %
2 mit SZ	–	–	–	–	–	–	–	–	210	3,11715343 %
gesamte prozentuelle Gewinnchance (Summe)										17,91495969 %

In ungefähr 17,91 % aller Ziehungen gewinnt man mit diesem System.

„6 aus 13"-Vollsystem

Dieses System ist in vielen Bundesländern nicht zugelassen. Aus 13 Zahlen werden jeweils sechs ausgewählt.

Anzahl der Tippreihen: $\binom{13}{6} = \frac{13 \cdot 12 \cdot 11 \cdot 10 \cdot 9 \cdot 8}{1 \cdot 2 \cdot 3 \cdot 4 \cdot 5 \cdot 6}$ = 1.716.

Gewinntabelle

Treffer in 12 System-zahlen	Anzahl der Gewinne in Klasse									prozentuelle Chance
	1	2	3	4	5	6	7	8	9	
6 mit SZ	1	–	42	–	315	–	700	–	525	0,00122713 %
6 ohne SZ	–	1	–	42	–	315	–	700	–	0,01104420 %
5 mit SZ	–	–	8	–	140	–	560	–	700	0,03313259 %
5 ohne SZ	–	–	–	8	–	140	–	560	–	0,29819328 %
4 mit SZ	–	–	–	–	36	–	336	–	756	0,32212237 %
4 ohne SZ	–	–	–	–	–	36	–	336	–	2,89910136 %
3 mit SZ	–	–	–	–	–	–	120	–	630	1,46028809 %
3 ohne SZ	–	–	–	–	–	–	–	120	–	13,14259284 %
2 mit SZ	–	–	–	–	–	–	–	–	330	3,28564821 %
gesamte prozentuelle Gewinnchance (Summe)										21,45335007 %

Das System erzielt in ungefähr 21,45 % aller Ziehungen Gewinne.

Zusammenfassung

Bei einem zugelassenen **Vollsystem** muss zunächst die Anzahl der Systemzahlen festgelegt werden. Danach werden die einzelnen Systemzahlen getippt. Das Vollsystem besteht aus allen Reihen, die aus den Systemzahlen gebildet werden können. In den Bundesländern sind bis zu 13 Systemzahlen zugelassen.

Für jedes Vollsystem gibt es eine **Gewinntabelle**. Darin sind die verschiedenen Gewinne in Abhängigkeit von der Anzahl der richtig getippten Systemzahlen und der Superzahl aufgeführt. Gleichzeitig enthält die Tabelle die prozentuellen Chancen für die entsprechenden Gewinne.

Die **Chance für einen Sechser** (mit oder ohne Superzahl) ist mit einem Vollsystem genau so groß wie mit der gleichen Anzahl beliebig ausgewählter verschiedener Tippreihen.

Mit einem Vollsystem gewinnt man **seltener** als mit der gleichen Anzahl zufällig ausgewählter verschiedener Tippreihen. Dafür gibt es im Gewinnfall gleich **mehrere Gewinne**.

9 EuroJackpot

Die Lotterie EuroJackpot gibt es seit dem 23.3.2012. Zunächst nahmen nur die Länder Dänemark, Deutschland (alle 16 Bundesländer), Estland, Finnland, Italien, Niederlande und Slowenien teil. Am 16.6.2012 kam noch Spanien hinzu, und zum 10.10.2014 Ungarn und Tschechien. Die Aufzeichnung der Ziehung erfolgt in der Regel am Freitag um 21 Uhr in Helsinki. Um 23 Uhr werden die Gewinnzahlen und auch schon die Quoten bekanntgegeben. Pro Tippreihe beträgt der Einsatz 2 Euro. Hinzu kommen noch Gebühren. Der **Jackpot** beträgt **mindestens 10 Mio. Euro**. Er ist auf 90 Mio. Euro beschränkt (Stand 2014).

Die Spielregeln

Ein Tippfeld besteht aus 50 Zahlen. Davon müssen fünf Zahlen angekreuzt werden. Bei diesem „5 aus 50"-Lotto gibt es insgesamt

$$\binom{50}{5} = \frac{50 \cdot 49 \cdot 48 \cdot 47 \cdot 46}{1 \cdot 2 \cdot 3 \cdot 4 \cdot 5} = 2.118.760$$

verschiedene Auswahlmöglichkeiten.

Zusätzlich müssen in jeder Tippreihe zwei **Eurozahlen** angekreuzt werden. Zu Beginn gab es die 8 Eurozahlen 1, 2, ..., 8. Für die Auswahl der beiden Eurozahlen gab es früher

$$\binom{8}{2} = \frac{8 \cdot 7}{1 \cdot 2} = 28$$

verschiedene Möglichkeiten.

Früher gab es 2.118.760 · 28 = 59.325.280 verschiedene Tippreihen (unter Berücksichtigung der beiden Eurozahlen).

Zum 10.10.2014 wurde die Anzahl der Eurozahlen von 8 auf 10 erhöht. Damit können die beiden Eurozahlen auf 45 verschiedene Arten ausgewählt werden. Die Anzahl der möglichen

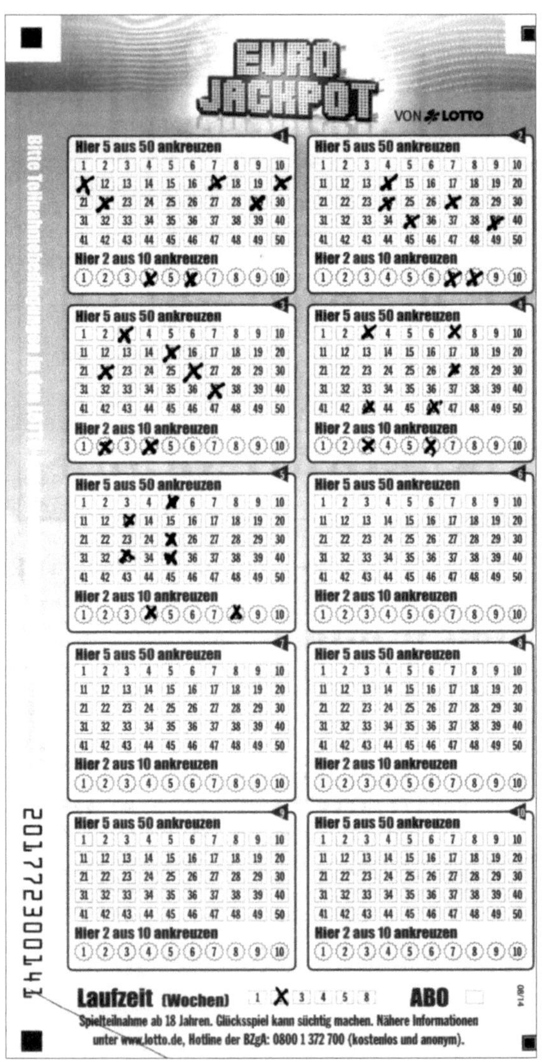

Abb. 3: EuroJackpot-Schein

Tippreihen erhöhte sich von 59.325.280 auf 95.344.200. Gleichzeitig wurden die beiden Gewinnklassen 8 und 9 getauscht. Auch die Quotenverteilung wurde geändert.

Boosterfonds

Zur eventuellen Auffüllung des Jackpots auf den Garantiebetrag 10 Mio. Euro dient der Boosterfonds. (boost bedeutet: stärken, heben, verstärken oder in die Höhe treiben). In diesen Boosterfonds wird bei jeder Ziehung 12 % des in der Ziehung bereitgestellten Ausschüttungsbetrages (= 50 % des laufenden Spieleinsatzes) eingestellt. In den Boosterfonds fließen außerdem die durch die Quotenabrundung auf ganze 10 Cent eingesparten Beträge sowie nicht abgeholte Gewinne der Gewinnklasse 1. Falls der Boosterfonds zur Jackpotaufstockung auf 10 Mio. Euro nicht ausreicht, muss der Lotto-Pool in Vorleistung treten. Die entsprechenden Beträge werden baldmöglichst aus dem Boosterfonds zurückgezahlt. Wenn der Boosterfonds den Betrag von 20 Mio. Euro überschreitet, wird der diesen Betrag übersteigende Anteil für die nachfolgende Ziehung der Klasse 1 zugeführt. Er kommt also in den Jackpot für die Klasse 1.

Jackpot (Ausschüttungssumme in Klasse 1)

Bei jeder Ziehung wird 36 % der laufenden Ausschüttungssumme zur Ausschüttung in Klasse 1 bereitgestellt. Hinzu kommt evtl. ein bereits aufgebauter Jackpot. Falls dieser Betrag für die Garantiesumme von 10 Mio. Euro nicht ausreicht, wird er aus dem Boosterfonds bzw. aus Mitteln des Lotto-Pools auf 10 Mio. Euro aufgestockt.

Gewinnklassen und Gewinnchancen mit einer Tippreihe

Eine Reihe gewinnt in Klasse 1, falls in ihr alle fünf getippten Zahlen und die beiden getippten Eurozahlen mit den gezogenen übereinstimmen. Für eine Tippreihe beträgt die Gewinnchance in Klasse 1 nun 1 : 95.344.200. Hieraus erhält man die Gewinnwahrscheinlichkeit in Klasse 1 als

$$P = \frac{1}{95 \cdot 344 \cdot 200} = 0{,}00000001049$$

Multiplikation mit 100 ergibt die prozentuelle Gewinnchance in Klasse 1 von 0,000001049 %. Von allen Tippreihen erzielen auf Dauer ungefähr 0,000001049 % einen Gewinn in Klasse 1. Insgesamt gibt es 12 Gewinnklassen. Diese sind in der 1. Spalte der nachfolgenden Tabelle aufgeführt. Dabei steht R für richtig getippte Gewinnzahlen und EZ für richtig getippte Eurozahlen. Die Anzahl der möglichen Tippreihen mit k Gewinnzahlen für k = 1, 2, 3, 4, 5 und r richtigen Eurozahlen für r = 0, 1, 2 können mit Hilfe der folgenden Formel berechnet werden:

$$\binom{5}{k} \cdot \binom{45}{5-k} \cdot \binom{2}{r} \cdot \binom{8}{2-r} \text{ mit } \binom{45}{0} = \binom{8}{0} = 1.$$

Die Anzahl der möglichen Reihen, die in den einzelnen Klassen gewinnen, stehen in der 2. Spalte der nachfolgenden Tabelle. Die Gewinnchance ist das Verhältnis der Anzahl der jeweiligen Gewinnreihen in der Klasse zur Gesamtanzahl 95.344.200. Die angegebenen Werte sind gekürzt und ganzzahlig gerundet. Die prozentuellen Chancen erhält man durch die Multiplikation der Quotienten mit dem Faktor 100. Diese stehen in der letzten Spalte.

Gewinnlasse	Anzahl Gewinn-reihen	Chance mit einer Tippreihe (gerundet)	prozentuelle Gewinnchance
1 (5 R + 2 EZ)	1	1: 95.344.200	0,0000001049 %
2 (5 R + 1 EZ)	16	1: 5.959.012	0,000016781 %
3 (5 R + 0 EZ)	28	1: 3.405.150	0,000029367 %
4 (4 R + 2 EZ)	225	1: 423.752	0,000235987 %

5 (4 R + 1 EZ)	3.600	1: 26.485	0,000377579 %
6 (4 R + 0 EZ)	6.300	1: 15.134	0,006607638 %
7 (3 R + 2 EZ)	9.900	1: 9.631	0,010383432 %
8 (2 R + 2 EZ)	141.900	1: 672	0,148829189 %
9 (3 R + 1 EZ)	158.400	1: 602	0,166134909 %
10 (3 R + 0 EZ)	277.200	1: 344	0,290736091 %
11 (1 R + 2 EZ)	744.975	1: 128	0,781353244 %
12 (2 R + 1 EZ)	2.270.400	1: 42	2,381581680 %
gesamt	3.612.945	1: 26	3,789370512 %

Die Chance, dass einzige Tippreihe in einer Ziehung einen Gewinn in einer der 12 Klassen erzielt, beträgt 1 : 26 (ganzzahlig gerundet). Auf Dauer gibt es für eine Tippreihe in ungefähr 3,789 % aller Ziehungen einen Gewinn. Gleichbedeutend sind folgende Aussagen: Von allen eingesetzten Tippreihen gewinnen im statistischen Durchschnitt ungefähr 3,789 % oder im statistischen Durchschnitt gewinnt eine Tippreihe in ungefähr 26 Ziehungen 1-Mal.

Quotenermittlung und theoretische Quoten

In jeder Ziehung wird 50 % des Spieleinsatzes zur Ausschüttung bzw. für die Einstellung in den Boosterfonds bereitgestellt. Die Prozentsätze für die einzelnen Klassen stehen in der 2. Spalte der nachfolgenden Tabelle. Falls es in einer Klasse keinen Gewinn gibt, geht der entsprechende Betrag in den **Jackpot** für diese Klasse. Bei dieser Lotterie gibt es für jede Klasse einen gesonderten Jackpot, der nicht in eine höhere Gewinnklasse übertragen werden kann.

Zur Berechnung der theoretischen Quoten werden wie beim Lotto alle möglichen 95.344.200 Tippreihen jeweils 1-Mal eingesetzt. Bei einem Reiheneinsatz von 2 Euro ergibt dies einen Spieleinsatz von 190.688.400 Euro. Die Hälfte davon, also 95.344.200 Euro, werden zur Ausschüttung bzw. für den Boosterfonds bereitgestellt.

In der 2. Spalte der nachfolgenden Tabelle stehen die prozentuellen Anteile aus dem gesamten Ausschüttungsbetrag. In der 3. Spalte sind die Ausschüttungsanteile für die einzelnen Klassen aufgeführt. Die Anzahl der Gewinne in der 4. Spalte wird aus der Tabelle auf S. 120/121 übernommen. Division der Ausschüttunsganteile durch die Anzahl der Gewinne ergibt die theoretischen Quoten in der letzten Spalte. Um diese Werte schwanken in den einzelnen Ziehungen die Quoten. In der letzten Zeile steht der **theoretische Mittelwert** von allen Gewinnreihen. Der Durchschnitt aller Gewinne schwankt um 26,30 Euro.

Klasse	prozentueller Anteil	Ausschüttung (in Euro)	Anzahl der Gewinne	theoretische Quote (in Euro)
1 *)	36,00%	34.323.913,00	1	45.765.216,00
2	8,50%	8.104.257,00	16	506.516,00
3	3,00%	2.860.326,00	28	102.154,50
4	1,00%	953.442,00	225	4.237,50
5	0,90%	858.095,80	3.600	238,30
6	0,70%	667.409,40	6.300	105,90
7	0,60%	572.065,20	9.900	57,70
8	3,10%	2.955.670,20	141.900	20,80
9	3,00%	2.860.326,00	158.400	18,00
10	4,30%	4.099.800,60	277.200	14,70
11	7,80%	7.436.847,60	744.975	9,90

12	19,10%	18.210.742,20	2.270.400	8,00
Booster-fonds	12,00%	11.441.304,00	------------	----------------
Summe	100,00%	95.344.200,00	3.612.945	Mittel 26,30

*** Zur theoretischen Quote in Klasse 1**

Der für die Klasse 1 zunächst berechnete Ausschüttungsbetrag von 34.323.913,00 Euro wäre nur dann die theoretische Quote, wenn der Boosterfonds bei der Lotto-Gesellschaft verbleiben würde. Aus dem Boosterfonds gehen jedoch die Beträge über 20 Mio. Euro in den Jackpot für die nächste Ziehung. Auch eine notwendige Aufstockung des Jackpots auf 10 Mio. Euro aus dem Boosterfonds kommt letztendlich dem Jackpot zugute. Daher lautet die theoretische Quote in Klasse 1
34.323.913,00 + 11.441.304,00 = 45.765.216,00 Euro.

Quotenzusammenlegung

In eine Gewinnklasse darf die Quote nicht größer sein als in einer höheren Klasse. In einem solchen Fall müssen die Quoten in beiden Klassen zusammengelegt werden. Vor der Umstellung am 10.10.2014 lagen in manchen Gewinnklassen die theoretischen Quoten sehr eng beieinander. Daher waren früher sehr oft Quotenzusammenlegungen erforderlich.

Durchschnittsquoten aus Gewinnen in verschiedenen Klassen

Weil die für den Boosterfonds bereitgestellten Beträge im Laufe der Zeit in die Klasse 1 fließen, gehen auf Dauer insgesamt 48 % der für die gesamte Ausschüttung bereitgestellten Beträge in die Klasse 1. Für die übrigen 11 Gewinnklassen bleiben somit nur noch 52 % übrig. Für alle Gewinne in den Klassen 2 bis 12 wird insgesamt nur 8,33 % mehr ausgeschüttet als für die wenigen Gewinne in Klasse 1. Die Durchschnittsquote aus allen Gewinnen ohne Klasse 1 liegt daher deutlich unter dem Gesamtmittel von 26,30 Euro. Für alle Personen, die nie einen Gewinn in Klasse 1 und Klasse 2 erzielen, liegt die durchschnittliche Quote noch tiefer.

Solche theoretische Durchschnittsquoten können sehr einfach mit Hilfe der obigen Tabelle beim Einsatz aller möglichen Tippreihen berechnet werden. Durch Addition der jeweiligen prozentuellen Ausschüttungsanteile der entsprechenden Klassen erhält man die Prozentwerte für die zusammengefassten Klassen. Aus der gesamten Ausschüttungssumme von 95.344.200,00 Euro erhält man mit diesen Prozentwerten die Ausschüttungsbeträge für die jeweiligen Gruppen. Die Anzahl der Gewinne erhält man ebenfalls aus der obigen Tabelle. Division der Ausschüttungsbeträge durch die Anzahl der Gewinne ergibt die mittleren theoretischen Quoten aus diesen zusammengefassten Klassen. Diese werden wie die tatsächlichen Quoten auf ganze 10 Cent abgerundet.

zusammengefasste Klassen	prozentueller Anteil	Ausschüttung (in Euro)	Anzahl der Gewinne	mittlere theoretische Quote (in Euro)
alle	100,00 %	95.344.200,00	3.612.945	26,30
2 bis 12	52,00 %	49.578.984,00	3.612.944	13,70
3 bis 12	43,50 %	41.474.727,00	3.612.928	11,40
4 bis 12	40,50 %	38.614.401,00	3.612.900	10,60
5 bis 12	39,50 %	37.660.959,00	3.612.675	10,40
6 bis 12	38,60 %	36.802.861,20	3.609.075	10,20
7 bis 12	37,90 %	36.135.451,80	3.602.775	10,00
8 bis 12	37,30 %	35.563.386,60	3.592.875	9,80

9 bis 12	34,20 %	32.607.717,40	3.450.975	9,40
10 bis 12	31,20 %	29.747.390,40	3.292.575	9,00
11 und 12	26,90 %	25.647.589,80	3.015.375	8,50
12	19,10 %	18.210.742,20	2.270.400	8,00

Die theoretische Durchschnittsquote aller Gewinne mit Ausnahme von Klasse 1 beträgt nur noch 13,70 Euro. Alle Gewinne aus den Klassen 3 bis 12, also ohne die Klassen 1 und 2, besitzen eine mittlere theoretische Quote von 11,40 Euro. Die Gewinne aus den Klassen 4 bis 12, also ohne die Klassen 1, 2 und 3, haben die theoretische Durchschnittsquote 10,60 Euro.

Prozentuelle Auszahlungen für alle Tippreihen

Die mittleren Quoten beziehen sich nur auf die Tippreihen, die einen Gewinn erzielen. Bei den Reihen ohne Gewinn ist der gesamte Spieleinsatz verloren. Hier ist der Gewinn gleich null. Insgesamt wird 50 % der gesamten Spieleinsätze ausgeschüttet. Davon gehen 24 % in die Klasse 1. Nach der obigen Tabelle werden auf alle Tippreihen ohne Gewinn in Klasse 1 insgesamt 52 % des gesamten Auszahlungsbetrages ausgeschüttet. Das ist 26 % vom Spieleinsatz. Alle Spieler, die nie einen Gewinn in Klasse 1 erzielen, erhalten zusammen nur 26 % ihres Spieleinsatzes als Gewinn zurück. Die prozentuellen Rückzahlungen für alle Tippreihen, die nie einen Gewinn in den Klassen 1 und 2 erzielen, beträgt nur 21,75 % des Spieleinsatzes. Für alle Tippreihen zusammen, die nie einen Gewinn in den drei höchsten Gewinnklassen erzielen, wird sogar nur noch 20,25 % des Spieleinsatzes zurückgezahlt.

Quoten in den ersten Ziehungen nach der Umstellung

Für die erste Ziehung nach der Umstellung war aus den vorangegangenen Ziehungen kein Jackpot aufgebaut. Die Gewinnreihen der ersten drei Ziehungen lauteten

Ziehung 10.10.2014:	11 17 20 22 29;	EZ 4 6
Ziehung 17.10.2014:	14 24 27 35 39;	EZ 7 8
Ziehung 24.10.2014:	3 15 22 26 37;	EZ 2 4

Diese sind bereits in den Spielschein auf S. 118 eingetragen. Die Quoten sind zusammen mit den theoretischen Quoten in der nachfolgenden Tabelle aufgeführt.

Klasse	Quote am 10.10.2014 (in Euro)	Quote am 17.10.2014 (in Euro)	Quote am 24.10.2014 (in Euro)	theoretische Quote (in Euro)
1 (5 R+ 2 EZ)	JP 10 Mio.	JP 13.689.200,44	JP 17.450.726,60	45.765.216,00
2 (5 R + 1 EZ)	1 x 864.054,70	2 x 435.530,60	6 x 150.199,80	506.516,00
3 (5 R + 0 EZ)	4x 76.240,10	3x 102.477,70	2 x 150.199,80	102.154,50
4 (4 R + 2 EZ)	3.080,40	5.393,50	2.823,90	4.237,50
5 (4 R + 1 EZ)	224,70	160,90	170,90	238,30
6 (4 R + 0 EZ)	97,20	86,00	100,00	105,90
7 (3 R + 2 EZ)	38,70	53,20	43,50	57,70
8 (2 R + 2 EZ)	15,30	20,80	17,30	20,80
9 (3 R +1 EZ)	15,30	13,50	14,60	18,00
10 (3 R + 0 EZ)	13,80	13,50	14,20	14,70
11 (1 R + 2 EZ)	7,40	10,00	8,50	9,90
12 (2 R + 1 EZ)	7,20	6,50	6,90	8,00

Am 10.10.2014 begann der Jackpot mit dem Garantiebetrag von 10 Mio. Euro. Nach der 1. Ziehung war der Boosterfonds vermutlich negativ. Daher erhöhte sich der Jackpot in den ersten Ziehungen nur um 18 % des jeweiligen Spieleinsatzes. Hinzu kommen noch die durch die Rundung auf ganze 10 Cent eingesparten Beträge. In der 1. Ziehung mussten die Quoten in den Klassen 8 und 9 zusammengelegt werden, in der zweiten Ziehung in den Klassen 9 und 10. In der 3. Ziehung gab es in Klasse 2 sechs Gewinne, in Klasse 3 aber nur zwei. Daher war in diesen beiden Klassen eine Quotenzusammenlegung erforderlich.

Vergleich EuroJackpot mit dem Lotto

Beim Vergleich muss berücksichtigt werden, dass beim EuroJackpot eine Tippreihe 2 Euro kostet. Dafür können beim Lotto zwei Reihen zu je 1 Euro getippt werden. In der nachfolgenden Tabelle sind wesentliche Unterschiede aufgeführt.

	EuroJackpot	Lotto
Anzahl der Gewinnklassen	12	9
Spieleinsatz für eine Tippreihe	2,00 €	1,00 €
Gewinnchance insgesamt	1 : 26	1 : 31
mittlere Quote insgesamt	26,30 €	15,60 €
Gewinnchance in Klasse 1	1 : 95.344.200	1 : 139.838.160
theoretische Quote in Klasse 1	45.765.216,00 €	8.949.642,20 €
proz. Ausschüttung in Klasse 1	48,00 %	12,80 %
Gewinnchance in Klasse 2	1 : 5.959.012	1 : 15.537.573

theoretische Quote in Klasse 2	506.516,00 €	574.596,50 €
proz. Ausschüttung in Klasse 2	8,50 %	ca. 7,39620 %
Gewinnchance in Klasse 3	1 : 3.405.150	1 : 542.008
theoretische Quote in Klasse 3	102.154,50 €	10.022,00 €
proz. Ausschüttung in Klasse 3	3,00 %	ca.3,6981 %

Die angegebenen Prozentwerte der Ausschüttungen beziehen sich auf den gesamten Ausschüttungsanteil von 50 % des Spieleinsatzes. Beim EuroJackpot sind die Prozentwerte konstant. Beim Lotto handelt es sich um Durchschnittswerte. Der Grund dafür ist die feste Quote von 5 Euro in der Gewinnklasse 9.

Zur Berücksichtigung des unterschiedlichen Spieleinsatzes bietet sich das folgende Modell an: Jemand spielt EuroJackpot in einer privaten Tippgemeinschaft zusammen mit einer anderen Person. Dann muss jede Person für eine Tippreihe 1 Euro bezahlen. Die Gewinnchancen mit einer einzigen Tippreihe bleiben für jede Person gleich. Im Gewinnfall müssen allerdings die Quoten halbiert werden.

Zum Vergleich könnte aber auch die gleiche Tippreihe beim Lotto doppelt gespielt werden. Dann bleiben die Gewinnchancen beim Lotto gleich. Allerdings sind es dann die Chancen auf gleichzeitig zwei Gewinne. Im Gewinnfall verdoppeln sich dann die Quoten allerdings nur in den unteren Klassen. Wegen der kleinen Anzahl von Gewinnen in den oberen Klassen gibt es hier keine Quotenverdoppelung. Somit wäre es besser, nicht die gleiche Reihe doppelt, sondern zwei verschiedene Reihen zu tippen. Dann verdoppeln sich auch die Chancen auf einen Sechser.

Zusammenfassung

Die **Chance** in der Lotterie **EuroJackpot** mit einer einzigen Tippreihe bei einer Einzelziehung einen Gewinn in Klasse 1 zu erzielen, beträgt 1 : 95.344.200. Sie ist wesentlich größer als die Chance von 1 : 139.838.160 beim Lotto. Beim EuroJackpot beträgt der Spieleinsatz für eine Tippreihe 2 Euro, beim Lotto 1 Euro. Berechnet werden die **Gewinnchancen** einer Tippreihe in den zwölf Klassen. Beim EuroJackpot ist die **allgemeine Gewinnchance** (für irgendeinen Gewinn) ungefähr 1 : 26, beim Lotto 1 : 31. Ferner werden die **theoretischen Quoten** in den einzelnen Klassen berechnet. In Klasse 1 beträgt die theoretische Quote beim EuroJackpot 45.765.216,00 Euro, beim Lotto 8.949.642,20 Euro. Die Gewinnchance in Klasse 1 ist beim EuroJackpot 1,47-Mal größer als beim Lotto. In Klasse 2 liegt die theoretische Quote von 506.516,00 Euro beim EuroJackpot jedoch unter der Quote von 574.596,50 Euro beim Lotto. Dafür ist die Gewinnchance in Klasse 2 beim EuroJackpot etwa 2,6-Mal größer. In Klasse 3 ist die theoretische Quote von 102.154,50 Euro beim EuroJackpot über 10-Mal höher als die Quote von 10.022,00 Euro beim Lotto.

EuroJackpot konzentriert sich auf den **Jackpot** in der Klasse 1. Insgesamt werden beim EuroJackpot 24 % der Spieleinnahmen zur Ausschüttung in Klasse 1 bereitgestellt, beim Lotto jedoch nur 6,40 %. Dieser Unterschied hat Auswirkungen auf die Quoten in den übrigen Klassen. Zur Ausschüttung unterhalb der Klasse 1 bleibt beim EuroJackpot nur 22 %, beim Lotto dagegen 43,6 % vom gesamten Spieleinsatz übrig.

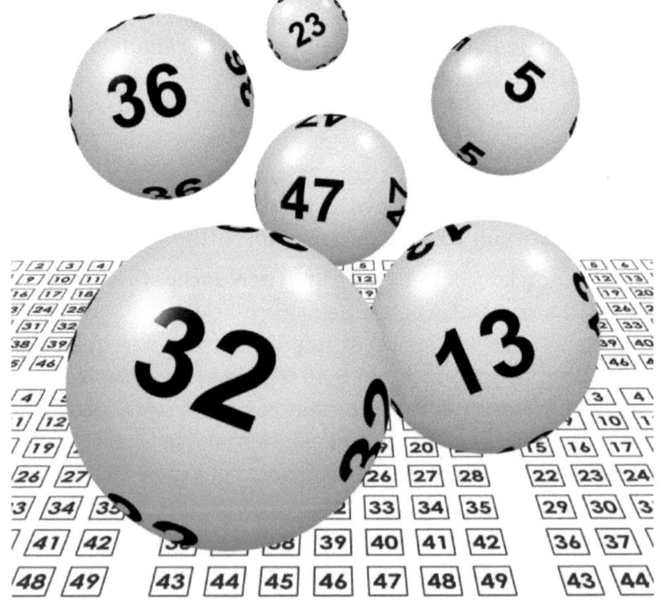

10 Lexikographische Anordnung von Tippreihen

Falls jemand alle 924 Tippreihen des „6 aus 12"-Vollsystems aus Kapitel 8 auflisten möchte, kann dies durch eine zufällige Auswahl von Tippreihen nur schwer gelingen. Hier muss ein Auswahlverfahren benutzt werden, das laufend neue Tippreihen liefert. Ferner sollte die Anordnung der Tippreihen so übersichtlich sein, dass sehr schnell feststellbar ist, ob eine bestimmte Tippreihe zu diesem System gehört.

Für die Auswahl und Anordnung von Tippreihen bietet sich die sogenannte **lexikographische Anordnung** an. Diese Anordnung wird in Lexika und Wörterbüchern benutzt, z.B. im Duden. Dort werden allerdings keine Zahlen, sondern Buchstaben alphabetisch angeordnet. Zuerst werden die Wörter mit dem Anfangsbuchstaben a aufgeführt. Dabei wird nicht zwischen Groß- und Kleinschreibung unterschieden. Für die Anordnung der mit dem Buchstaben a beginnenden Wörter ist danach der 2. Buchstabe entscheidend, dann der 3., usw. Auch das **Stichwortverzeichnis** am Ende dieses Buches ist lexikographisch angeordnet. Das Verfahren soll zunächst an einem Beispiel erläutert werden.

Lexikographische Anordnung der 28 Tippreihen des „6 aus 8"-Vollsystems

Jemand tippt in einem „6 aus 8"-Vollsystem (s. Seite 110) die Zahlen 14 18 24 32 34 39 45 49. Die 1. Systemzahl ist die 14, die 2. Systemzahl die 18, die 3. die 24, usw., die 8. Systemzahl ist schließlich die Zahl 49. Daher ist es sinnvoll, in einer allgemeinen Tabelle alle 28 Tippreihen mit den Rangnummern der Systemzahlen, also mit den 1., 2., 3., ... , 8. Systemzahlen zu bestimmen. Ihre lexikographische Anordnung ist in der 2. Spalte der nachfolgenden Tabelle zusammengestellt.

Die Auswahl beginnt mit den ersten sechs Systemzahlen. Dies ergibt die 1. Tippreihe (Reihe 1). Dann wird die 6. Systemzahl durch die 7. ersetzt und um eine Stelle nach rechts verschoben (2. Reihe), danach wird diese 7. Systemzahl durch die 8. ersetzt (3. Reihe). Eine Vergrößerung der letzten Systemzahl ist nun nicht mehr möglich. Als nächstes wird die 5. Systemzahl durch die 6. ersetzt. Die noch fehlende Systemzahl ist die 7. oder die 8. Das ergibt die Reihen 4 und 5. Eine nochmalige Vergrößerung der 6. auf die 7. Systemzahl ergibt die Reihe 6. Als nächstes wird die 4. Systemzahl durch die 5. ersetzt (Reihe 7 bis 9), diese wird danach durch die 6. Systemzahl ersetzt (Reihe 10). Danach werden alle möglichen Erhöhungen mit der 3. Systemzahl durchgeführt (Reihe 11 bis 15), danach folgen die Erhöhungen der 2. Systemzahl (Reihe 16 bis 21) und schließlich alle möglichen Erhöhungen der 1. Systemzahl (Reihe 22 bis 28).

Rangnummer der Tippreihe	getippte Systemzahlen								getippte Reihen					
1	1.	2.	3.	4.	5.	6.			14	18	24	32	34	39
2	1.	2.	3.	4.	5.		7.		14	18	24	32	34	45
3	1.	2.	3.	4.	5.			8.	14	18	24	32	34	49
4	1.	2.	3.	4.		6.	7.		14	18	24	32	39	45
5	1.	2.	3.	4.		6.		8.	14	18	24	32	39	49
6	1.	2.	3.	4.			7.	8.	14	18	24	32	45	49
7	1.	2.	3.		5.	6.	7.		14	18	24	34	39	45
8	1.	2.	3.		5.	6.		8.	14	18	24	34	39	49
9	1.	2.	3.		5.		7.	8.	14	18	24	34	45	49

10	1.	2.	3.			6.	7.	8.	14	18	24	39	45	49
11	1.	2.		4.	5.	6.	7.		14	18	32	34	39	45
12	1.	2.		4.	5.	6.		8.	14	18	32	34	39	49
13	1.	2.		4.	5.		7.	8.	14	18	32	34	45	49
14	1.	2.		4.		6.	7.	8.	14	18	32	39	45	49
15	1.	2.			5.	6.	7.	8.	14	18	34	39	45	49
16	1.		3.	4.	5.	6.	7.		14	24	32	34	39	45
17	1.		3.	4.	5.	6.		8.	14	24	32	34	39	49
18	1.		3.	4.	5.		7.	8.	14	24	32	34	45	49
19	1.		3.	4.		6.	7.	8.	14	24	32	39	45	49
20	1.		3.		5.	6.	7.	8.	14	24	34	39	45	49
21	1.			4.	5.	6.	7.	8.	14	32	34	39	45	49
22		2.	3.	4.	5.	6.	7.		18	24	32	34	39	45
23		2.	3.	4.	5.	6.		8.	18	24	32	34	39	49
24		2.	3.	4.	5.		7.	8.	18	24	32	34	45	49
25		2.	3.	4.		6.	7.	8.	18	24	32	39	45	49
26		2.	3.		5.	6.	7.	8.	18	24	34	39	45	49
27		2.		4.	5.	6.	7.	8.	18	32	34	39	45	49
28			3.	4.	5.	6.	7.	8.	24	32	34	39	45	49

In jeder Tippreihe sind von den 8 Systemzahlen jeweils zwei weggelassen worden. In der obigen versetzten Darstellung ist in jeder Reihe sofort erkennbar, welche Systemzahlen weggelassen wurden.

Den 8 Systemzahlen werden anschließend der Reihe nach die getippten Zahlen 14 18 24 32 34 39 45 49 zugeordnet. Dadurch erhält man die tatsächlich getippten Reihen in der letzten Spalte der obigen Tabelle.

Mit anderen Systemzahlen können die getippten Reihen aus der obigen Tabelle sehr einfach bestimmt werden.

Bei den 28 Tippreihen kann folgende Eigenschaft festgestellt werden:

Diejenige von zwei Tippreihen, bei der die erste verschiedene Zahl größer ist, besitzt eine **größere Rangnummer.**

Dies ist die mathematische Definition der lexikographischen Anordnung.

Beispiele

In den Tippreihen 4 7 **12** 38 47 48 und 4 7 **32** 45 47 49 sind die dritten Zahlen erstmals verschieden. Weil die 3. Zahl in der zweiten Tippreihe größer ist, hat die zweite Reihe eine größere Rangnummer (Rangzahl).

In den Reihen **9** 17 35 39 41 42 und **3** 17 35 43 45 46 unterscheiden sich bereits die ersten Zahlen. Die erste Reihe hat die größere Rangnummer.

Die lexikographische Anordnung einer größeren Menge von Tippreihen kann mit Hilfe eines Computers durchgeführt werden. Dazu muss allerdings ein geeignetes Programm entwickelt werden.

In einer lexikographischen Anordnung von Tippreihen kann, ähnlich wie in einem Wörterbuch, sehr schnell festgestellt werden, ob eine bestimmte Tippreihe darin enthalten ist.

Bei der lexikographischen Anordnung aller 13.983.816 Tippreihen hat die Reihe 1 2 3 4 5 6 die Rangzahl 1. Danach werden alle Reihen mit der Anfangszahl 1 aufgeführt, dann alle Reihen mit der Anfangszahl 2, usw.

Anzahl der Reihen mit der gleichen Anfangs- bzw. Endzahl

Allgemein soll die Anzahl aller Tippreihen mit der jeweils gleichen **Anfangszahl** bestimmt werden. Um eine Reihe mit einer bestimmten Anfangszahl zu erhalten, müssen neben dieser Anfangszahl fünf weitere Zahlen aus allen größeren

Zahlen ausgewählt werden. Es handelt sich also um eine 5er-Auswahl. Bei der Anfangszahl 1 (kleinste Zahl) müssen die restlichen fünf Zahlen aus den 48 größeren Zahlen ausgewählt werden. Dafür gibt es

$$\binom{48}{5} = \frac{48 \cdot 47 \cdot 46 \cdot 45 \cdot 44}{1 \cdot 2 \cdot 3 \cdot 4 \cdot 5} = 1.712.304$$

verschiedene Möglichkeiten.

Somit gibt es insgesamt 1.712.304 Reihen mit der Anfangszahl 1. Bei der Anfangszahl 2 müssen die restlichen fünf Zahlen aus den 47 größeren Zahlen ausgewählt werden mit

$\binom{47}{5} = \frac{47 \cdot 46 \cdot 45 \cdot 44 \cdot 43}{1 \cdot 2 \cdot 3 \cdot 4 \cdot 5} = 1.533.939$ Möglichkeiten.

Mit der größtmöglichen Anfangszahl 44 gibt es nur die einzige Tippreihe 44 45 46 47 48 49. So kann für jede Zahl von 1 bis 44 die Anzahl der Reihen mit dieser Anfangszahl bestimmt werden. Die Tippreihe **1** 2 3 4 5 **6** mit der **Anfangszahl** 1 hat die **Endzahl** 6 (größte Zahl), die Reihe 44 45 46 47 48 49 mit der Anfangszahl 44 besitzt die Endzahl 49. Es gibt gleich viele Reihen mit der Endzahl 49 wie Reihen mit der Anfangszahl 1. Der Endzahl 48 entspricht die Anfangszahl 2, der Endzahl 47 die Anfangszahl 3, usw. Bezüglich der Anfangs- und Endzahl gibt es eine Symmetrie. Die Anzahl der Reihen in Abhängigkeit von der Anfangs- bzw. der Endzahl können daher in der gleichen Tabelle dargestellt werden. Mit der jeweiligen Anzahl der Reihen ist in der nachfolgenden Tabelle auch deren prozentueller Anteil von allen 13.983.816 Tippreihen angegeben.

Anfangszahl	Anzahl der Reihen	prozentueller Anteil	Endzahl
1	1.712.304	12,24490 %	49
2	1.533.939	10,96939 %	48
3	1.370.754	9,80243 %	47

4	1.221.759	8,73695 %	46
5	1.086.008	7,76618 %	45
6	962.598	6,88366 %	44
7	850.668	6,08323 %	43
8	749.398	5,35904 %	42
9	658.008	4,70550 %	41
10	575.757	4,11731 %	40
11	501.942	3,58945 %	39
12	435.897	3,11715 %	38
13	376.992	2,69592 %	37
14	324.623	2,32148 %	36
15	278.256	1,98984 %	35
16	237.336	1,69722 %	34
17	201.376	1,44006 %	33
18	169.911	1,21505 %	32
19	142.506	1,01908 %	31
20	118.755	0,84923 %	30
21	98.280	0,70281 %	29
22	80.730	0,57731 %	28
23	65.780	0,47040 %	27
24	53.130	0,37994 %	26
25	42.504	0,30395 %	25
26	33.649	0,24063 %	24
27	26.334	0,18832 %	23
28	20.349	0,14552 %	22
29	15.504	0,11087 %	21
30	11.628	0,08315 %	20
31	8.568	0,06127 %	19
32	6.188	0,04425 %	18
33	4.368	0,03124 %	17

Anfangs-zahl	Anzahl der Reihen	prozentueller Anteil	Endzahl
34	3.003	0,02147 %	16
35	2.002	0,01432 %	15
36	1.287	0,00920 %	14
37	792	0,00566 %	13
38	462	0,00330 %	12
39	252	0,00180 %	11
40	126	0,00090 %	10
41	56	0,00040 %	9
42	21	0,00015 %	8
43	6	0,0000429 %	7
44	1	0,0000072 %	6

Die in der Tabelle aufgeführte Anzahl gilt jeweils nur für die Anfangszahl oder die Endzahl, nicht aber gleichzeitig für beide. Damit eine Reihe die Anfangszahl 1 und die Endzahl 49 hat, müssen neben den Zahlen 1 und 49 aus den restlichen 47 Zahlen vier weitere ausgewählt werden. Dafür gibt es $\binom{47}{4} = \frac{47 \cdot 46 \cdot 45 \cdot 44}{1 \cdot 2 \cdot 3 \cdot 4} = 178.365$ Möglichkeiten. Es gibt also jeweils 178.365 verschiedene Reihen, welche die Anfangszahl 1 und die Endzahl 49 haben.

Besitzen Tippreihen mit der Anfangszahl 1 eine größere Chance?

In einem Lottobuch hat der Autor durch Analyse von Gewinnreihen festgestellt, dass ungefähr 12 % aller Gewinnreihen mit 1 beginnen, also die Anfangszahl 1 besitzen. Dieser prozentuelle Wert liegt nach der obigen Tabelle erwartungsgemäß in der Nähe von 12,24 %. Daher empfahl der Autor seinen Lesern, nur noch Reihen mit der Anfangszahl 1 zu tippen, weil dadurch die Gewinnchance wesentlich größer sei. Diese

Argumentation ist falsch. Nur unter der Bedingung, dass tatsächlich eine Gewinnreihe mit der Anfangszahl 1 gezogen wird, ist für jede Tippreihe mit der Anfangszahl 1 die Chance auf einen Sechser gleich 1 : 1.712.304. Aber nur unter der Bedingung, dass die Zahl 1 tatsächlich Gewinnzahl ist. Es handelt sich um eine **bedingte Chance**. Falls die Gewinnreihe nicht die Anfangszahl 1 hat, kann eine mit 1 beginnende Tippreihe gar keinen Sechser erzielen. In diesem Fall ist die bedingte Chance sogar gleich null. Eine Tippreihe mit der Anfangszahl 1 kann also höchstens in ungefähr 12,24 % der Ziehungen eine Chance auf einen Sechser haben, in den übrigen 87,76 % der Ziehungen ist damit gar kein Sechser möglich. Weil jedoch über die Gewinnreihe der nächsten Ziehung keinerlei Information vorliegt, hat die Tippreihe 1 12 18 26 46 48 keine höhere Chance. Die Chance für diese Reihe bleibt bei 1 : 13.983.916.

Falls nach der Ziehung nur bekannt wird, dass die Gewinnreihe die Anfangszahl 1 hat, aber sonst keine Gewinnzahlen bekannt sind, dann hat jede Tippreihe mit der Anfangszahl 1, also auch die obige, die bedingte Chance von 1 : 1.712.304.

Lexikographische Anordnung aller Tippreihen

Zunächst werden alle Tippreihen mit der Anfangszahl 1 angeordnet. Die erste Reihe 1 2 3 4 5 6 hat die **Rangnummer** 1. Insgesamt gibt es nach der obigen Tabelle 1.712.304 Tippreihen mit der Anfangszahl 1. Die letzte Reihe in dieser Gruppe hat die Rangnummer 1.712.304, es handelt sich um die Reihe 1 45 46 47 48 49. Danach kommen die Reihen mit der Anfangszahl 2. Die Reihe 2 3 4 5 6 7 hat die Rangnummer 1.712.305. Insgesamt gibt es 1.533.939 Reihen mit der Anfangszahl 2. Die Reihe 2 45 46 47 48 49 ist die letzte in dieser Gruppe mit der Rangnummer 3.246.243.

Ab der Rangnummer 3.246.244 beginnen die 1.370.754 Reihen mit der Anfangszahl 3. Die erste davon ist die Reihe 3 4 5 6 7 8, die letzte ist die Reihe 3 45 46 47 48 49.

Von der Rangnummer 4.616.998 an stehen die 1.221.759 Reihen mit der Anfangszahl 4. Die erste davon ist die Reihe 4 5 6 7 8 9. Das Verfahren wird so fortgesetzt.

Zur Bestimmung der Rangnummer, von der an sämtliche Reihen mit der gleichen Anfangszahl aufgeführt sind, müssen in der Tabelle auf S. 135 – 138 die vor dieser Anfangszahl auftretenden Häufigkeiten addiert werden. Die nächste Rangnummer ist dann der Beginn dieser Gruppe.

Zu jeder beliebigen Tippreihe kann die zugehörige Rangnummer r direkt berechnet werden. Dafür gilt folgende Formel:

Die Tippreihe mit den sechs der Größe nach angeordneten Lottozahlen z_1 z_2 z_3 z_4 z_5 z_6 besitzt die Rangnummer

$$r = \binom{49}{6} - \binom{49-z_1}{6} - \binom{49-z_2}{5} - \binom{49-z_3}{4} - \binom{49-z_4}{3} - \binom{49-z_5}{2} - \binom{49-z_6}{1}$$

Die Binomialkoeffizienten werden berechnet nach der Formel

$$\binom{z}{k} = \frac{z\cdot(z-1)\cdot\ldots\cdot(z-k+1)}{1\cdot 2\cdot\ldots\cdot k},$$

falls k kleiner oder höchstens gleich z ist.

Wenn in einem Binomialkoeffizienten $\binom{z}{k}$ die untere Zahl k größer ist als die obere Zahl z, also für k > z, verschwindet der Binomialkoeffizient. In der obigen Formel müssen der Reihe nach die sechs Zahlen z_1, z_2, z_3, z_4, z_5, z_6 der jeweiligen Tippreihe eingesetzt werden.

Beispiele

Die Rangnummer der Tippreihe 3 4 5 6 7 8 erhält man als

$$\begin{aligned} r = {} & \binom{49}{6} - \binom{49-3}{6} - \binom{49-4}{5} - \binom{49-5}{4} - \binom{49-6}{3} - \\ & \binom{49-7}{2} - \binom{49-8}{1} \\ = {} & \binom{49}{6} - \binom{46}{6} - \binom{45}{5} - \binom{44}{4} - \binom{43}{3} - \binom{42}{2} - \binom{41}{1}. \end{aligned}$$

Elementare Rechnung ergibt die Rangnummer r = 3.246.244. Diese Rangnummer ist bereits oben berechnet worden.

Die Rangnummer der Tippreihe 23 29 34 39 48 49 erhält man als

$$\begin{aligned} r = {} & \binom{49}{6} - \binom{49-23}{6} - \binom{49-29}{5} - \binom{49-34}{4} - \\ & \binom{49-39}{3} - \binom{49-48}{2} - \binom{49-49}{1} \\ = {} & \binom{49}{6} - \binom{26}{6} - \binom{20}{5} - \binom{15}{4} - \binom{10}{3} - \binom{1}{2} - \binom{0}{1} \end{aligned}$$

Hier erhält man r = 13.736.597. Dabei ist $\binom{1}{2} = \binom{0}{1} = 0$.

Die Rangnummer der Tippreihe 32 39 41 45 46 48 erhält man als

$$\begin{aligned} r = {} & \binom{49}{6} - \binom{49-32}{6} - \binom{49-39}{5} - \binom{49-41}{4} - \\ & \binom{49-45}{3} - \binom{49-46}{2} - \binom{49-48}{1} \\ = {} & \binom{49}{6} - \binom{17}{6} - \binom{10}{5} - \binom{8}{4} - \binom{4}{3} - \binom{3}{2} - \binom{1}{1} \\ = {} & 13.971.111. \end{aligned}$$

Bestimmung der zugehörigen Tippreihe aus deren Rangnummer r

Aus der obigen Formel für die Rangnummer r erhält man die Gleichung

$$\binom{49-z_1}{6} + \binom{49-z_2}{5} + \binom{49-z_3}{4} - \binom{49-z_4}{3} - \binom{49-z_5}{2} - \binom{49-z_6}{1} = \binom{49}{6} - r\,.$$

Weil die Zahlen der Tippreihe der Größe nach geordnet sind, können diese der Reihe nach mit folgendem Algorithmus bestimmt werden. Mit einem Rechner, in dem Binomialkoeffizienten fest verdrahtet sind, ist die Berechnung sehr einfach:

Man berechne der Reihe nach

z_1 minimal mit $\binom{49-z_1}{6} < \binom{49}{6} - r = c_1$

z_2 minimal mit $\binom{49-z_2}{5} < c_1 - \binom{49-z_1}{6} = c_2$

z_3 minimal mit $\binom{49-z_3}{4} < c_2 - \binom{49-z_2}{5} = c_3$

z_4 minimal mit $\binom{49-z_4}{3} < c_3 - \binom{49-z_3}{4} = c_4$

z_5 minimal mit $\binom{49-z_5}{2} < c_4 - \binom{49-z_4}{3} = c_5$

$z_6 = 49 - c_5 + \binom{49-z_5}{2}$.

Beim Einsetzen der z-Werte ist zu beachten, dass diese der Reihe nach größer werden. Dadurch lässt sich viel Rechenaufwand einsparen.

Beispiel: Gesucht ist die Tippreihe mit der Rangnummer r = 5.000.000.

Mit $\binom{49}{6} - r = 13.983.816 - 5.000.000 = 8.983.816 = c_1$ erhält man

z_1 minimal mit $\binom{49-z_2}{5} < 8.983.816 \Rightarrow z_2 = 4$

z_2 minimal mit $\binom{49-z_2}{5} < 8.983.816 - \binom{45}{6} = 838.756 \Rightarrow z_2 = 8$

z_3 minimal mit $\binom{49-z_3}{4} < 838.756 - \binom{41}{5} = 89.358 \Rightarrow z_3 = 10$

z_4 minimal mit $\binom{49-z_4}{3} < 89.358 - \binom{39}{4} = 7.107 \Rightarrow z_4 = 14$

z_5 minimal mit $\binom{49 - z_5}{2} < 7.107 \quad - \binom{35}{3} = \quad 562 \quad \Rightarrow$

$z_5 = 15$

$z_6 = 49 - 562 + \binom{34}{2} = 48 \quad \Rightarrow$

$z_6 = 48$

Die Tippreihe mit der Rangnummer 5.000.000 lautet
4 8 10 14 15 48.

Probe:

$$r = \binom{49}{6} - \binom{45}{6} - \binom{41}{5} - \binom{39}{4} - \binom{35}{3} - \binom{34}{2} - \binom{1}{1} = 5.000.000.$$

Die Auflistung aller 13.983.816 lexikographisch angeordneten Tippreihen ist sehr kapazitätsaufwendig. Zum Tippen einer Reihe genügt es, eine beliebige Rangnummer r vorzugeben und die zugehörige Tippreihe nach der obigen Formel zu bestimmen. Dazu müssen keine Tippreihen gespeichert sein.

Zusammenfassung

In diesem Kapitel wird die **lexikographische Anordnung** von Tippreihen vorgestellt. Dabei wird die Anzahl aller Tippreihen mit den **Anfangszahlen** 1, 2, ..., 43, 44 bzw. mit den **Endzahlen** 49, 48, ..., 5, 6 bestimmt. Damit lassen sich diejenigen Rangnummern einfach berechnen, von denen an jeweils die Anfangszahl der Tippreihen erhöht wird.

Ferner wird eine geschlossene Formel angegeben, mit der für jede beliebige Tippreihe die zugehörige **Rangnummer r** berechnet werden kann. Umgekehrt wird eine Formel vorgestellt, mit der aus einer vorgegebenen Rangnummer r die zugehörige Tippreihe bestimmt werden kann.

11 KENO

Die Spielidee KENO stammt ursprünglich aus dem alten China. Dort erlangte das „weiße Taubenspiel“ schnell große Beliebtheit. Chinesische Arbeiter brachten diese Lotterie in die USA, wo sie seit 1931 legal gespielt wird. In Deutschland wird KENO seit 2005 angeboten.

Eine Teilnahme an KENO ist nur mit einem **Spielpass** (Pflichtkarte) möglich. Der Spielpass kann bei den Annahmestellen beantragt werden. Dazu ist eine Registrierung erforderlich. Dieser Spielpass berechtigt auch zur Teilnahme an den Sportwetten. Die Ziehung findet z. Zt. täglich um 19:10 Uhr statt. Sie wird live übertragen auf www.keno.de. Im hr-Fernsehen wird die Aufzeichnung gegen 19:28 Uhr kurz vor der Hessenschau ausgestrahlt (Stand 2014).

Aus den 70 Zahlen 1, 2, ..., 69, 70 werden 20 Zahlen gezogen. Die Anzahl der Möglichkeiten bei dieser „20 aus 70“-Ziehung beträgt $\binom{70}{20} = 1{,}618846 \cdot 10^{17}$.

Hierbei handelt es sich um eine 18-stellige Zahl.

Auf dem Spielschein gibt es fünf Spielfelder. In jedem Spielfeld können wahlweise 2 bis 10 Zahlen getippt werden. Die Anzahl der angekreuzten Zahlen muss unter dem Tippfeld eingetragen werden. Auch sind verschiedene Einsätze pro Tippreihe möglich. Als Reiheneinsatz können ein, zwei, fünf oder 10 Euro gewählt werden. Die Quoten sind vom Einsatz abhängig. Auf dem Spielschein muss noch die Anzahl der Ziehungen angekreuzt werden. Zusätzlich ist eine Teilnahme an der Lotterie **plus 5** möglich. Dazu muss das „ja“-Feld angekreuzt werden.

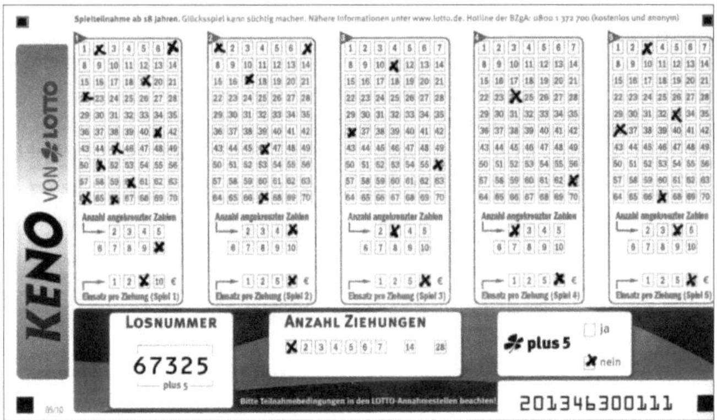

Abb. 4: Keno-Spielschein

KENO-Typ 10 (10 KENO-Zahlen)

Der KENO-Typ 10 besteht aus 10 getippten Zahlen. Bei der „10 aus 70"-Auswahl gibt es insgesamt

$$\binom{70}{10} = \frac{70 \cdot 69 \cdot 68 \cdot 67 \cdot 66 \cdot 65 \cdot 64 \cdot 63 \cdot 62 \cdot 61}{1 \cdot 2 \cdot 3 \cdot 4 \cdot 5 \cdot 6 \cdot 7 \cdot 8 \cdot 9 \cdot 10}$$

$$= 396.704.524.216 \text{ Möglichkeiten.}$$

In der nachfolgenden Tabelle sind die Gewinne in Abhängigkeit von der Anzahl der richtig getippten Zahlen bei den verschiedenen Spieleinsätzen aufgeführt. Die Gewinnchancen für eine Tippreihe in einer Ziehung stehen in der letzten Spalte.

richtige Zahlen	Gewinn bei 1 € Einsatz	Gewinn bei 2 € Einsatz	Gewinn bei 5 € Einsatz	Gewinn bei 10 € Einsatz	Gewinn-chance für eine Reihe
10 *)	100.000	200.000	500.000	1.000.000	1: 2.147.181
9	1.000	2.000	5.000	10.000	1: 47.238
8	100	200	500	1.000	1: 2.571

7	15	30	75	150	1: 261
6	5	10	25	50	1: 44
5	2	4	10	20	1: 12
0	2	4	10	20	1: 39
gesamte Gewinnchance					1: 7,4

***) Quotenbegrenzung bei 10 Richtigen**

Bei mehr als 5 Gewinnen in Klasse I (10 Richtige) reduziert sich die im Gewinnplan angegebene Quote von 100.000 Euro (bei einem Spieleinsatz von 1 Euro). Dann wird der Betrag von 500.000 Euro durch die Anzahl der Gewinne dividiert und ganzzahlig abgerundet. Diese reduzierte Quote wird mit dem Spieleinsatz multipliziert. Falls ein beliebter Mustertipp zu 10 Richtigen führt, könnte der Fall einer Quotenreduzierung eintreten.

Falls von den 10 getippten Zahlen keine einzige richtig ist, erhält man als Gewinn den doppelten Einsatz. Mehr als 3-Mal öfters wird jedoch mit 5 Richtigen die gleiche Quote erzielt.

Die prozentuelle Gewinnchance beträgt 13,54 %. In ungefähr 13,54 % aller Ziehungen erhält man mit dem 10er-KENO einen Gewinn in einer der sieben Gewinnklassen.

Vom gesamten Spieleinsatz wird ungefähr 49,40 % ausgeschüttet.

KENO-Typ 9 (9 KENO-Zahlen)

Der KENO-Typ 9 besteht aus 9 getippten Zahlen. Hier gibt es

$$\binom{70}{9} = \frac{70 \cdot 69 \cdot 68 \cdot 67 \cdot 66 \cdot 65 \cdot 64 \cdot 63 \cdot 62}{1 \cdot 2 \cdot 3 \cdot 4 \cdot 5 \cdot 6 \cdot 7 \cdot 8 \cdot 9} = 65.033.528.560$$

Möglichkeiten.

richtige Zahlen	Gewinn bei 1 € Einsatz	Gewinn bei 2 € Einsatz	Gewinn bei 5 € Einsatz	Gewinn bei 10 € Einsatz	Gewinn-chance für eine Reihe
9 *)	50.000	100.000	250.000	500.000	1: 387.197
8	1.000	2.000	5.000	10.000	1: 10.325
7	20	40	100	200	1: 685
6	5	10	25	50	1: 86
5	2	4	10	20	1: 18
0	2	4	10	20	1: 26
gesamte Gewinnchance					1: 9,4

***) Quotenbegrenzung bei 9 Richtigen**

Bei mehr als 10 Gewinnen in Klasse I (9 Richtige) reduziert sich die im Gewinnplan angegebene Quote von 50.000 Euro (bei 1 Euro Einsatz). Dann wird der Betrag von 500.000 Euro durch die Anzahl der Gewinne dividiert, ganzzahlig abgerundet und mit dem Spieleinsatz multipliziert.

Die prozentuelle Gewinnchance beträgt 10,67 %. In ungefähr 10,67 % aller Ziehungen erhält man einen Gewinn in einer der sechs Gewinnklassen. Vom gesamten Spieleinsatz wird ungefähr 50,05 % ausgezahlt.

KENO-Typ 8 (8 KENO-Zahlen)

Tippmöglichkeiten:

$$\binom{70}{8} = \frac{70 \cdot 69 \cdot 68 \cdot 67 \cdot 66 \cdot 65 \cdot 64 \cdot 63}{1 \cdot 2 \cdot 3 \cdot 4 \cdot 5 \cdot 6 \cdot 7 \cdot 8} = 9.440.350.920.$$

richtige Zahlen	Gewinn bei 1 € Einsatz	Gewinn bei 2 € Einsatz	Gewinn bei 5 € Einsatz	Gewinn bei 10 € Einsatz	Gewinnchance für eine Reihe
8	10.000	20.000	50.000	100.000	1: 74.941
7	100	200	500	1.000	1: 2.436
6	15	30	75	150	1: 199
5	2	4	10	20	1: 31
4	1	2	5	10	1: 8
0	1	2	5	10	1: 18
gesamte Gewinnchance					1: 4,7

Falls sich unter den 8 getippten KENO-Zahlen keine einzige Gewinnzahl befindet, erhält man wie bei 4 Richtigen als Gewinn den Spieleinsatz zurück.

In ungefähr 21,27 % aller Ziehungen gewinnt man mit einer Tippreihe in einer der sechs Gewinnklassen. Von den gesamten Spieleinsätzen wird ungefähr 48,94 % ausgeschüttet.

KENO-Typ 7 (7 KENO-Zahlen)

Tippmöglichkeiten:

$$\binom{70}{7} = \frac{70 \cdot 69 \cdot 68 \cdot 67 \cdot 66 \cdot 65 \cdot 64}{1 \cdot 2 \cdot 3 \cdot 4 \cdot 5 \cdot 6 \cdot 7} = 1.198.774.720.$$

richtige Zahlen	Gewinn bei 1 € Einsatz	Gewinn bei 2 € Einsatz	Gewinn bei 5 € Einsatz	Gewinn bei 10 € Einsatz	Gewinnchance für eine Reihe
7	1.000	2.000	5.000	10.000	1: 15.464
6	100	200	500	1.000	1: 619
5	12	24	60	120	1: 63
4	1	2	5	10	1: 13
gesamte Gewinnchance					1: 10,3

Bei 4 Richtigen gewinnt man den Spieleinsatz. In ungefähr 9,67 % aller Ziehungen gibt es einen Gewinn. Vom Spieleinsatz wird etwa 49,57 % ausgeschüttet.

KENO-Typ 6 (6 KENO-Zahlen)

Tippmöglichkeiten:

$\binom{70}{6} = \frac{70 \cdot 69 \cdot 68 \cdot 67 \cdot 66 \cdot 65}{1 \cdot 2 \cdot 3 \cdot 4 \cdot 5 \cdot 6}$ = 131.115.985.

richtige Zahlen	Gewinn bei 1 € Einsatz	Gewinn bei 2 € Einsatz	Gewinn bei 5 € Einsatz	Gewinn bei 10 € Einsatz	Gewinn-chance für eine Reihe
6	500	1.000	2.500	5.000	1: 3.383
5	15	30	75	150	1: 169
4	2	4	10	20	1: 22
3	1	2	5	10	1: 6
gesamte Gewinnchance					1: 4,5

Hier gewinnt man in ungefähr 22,19 % aller Ziehungen. Vom Spieleinsatz wird etwa 49,74 % ausgeschüttet.

KENO-Typ 5 (5 KENO-Zahlen)

Tippmöglichkeiten: $\binom{70}{5} = \frac{70 \cdot 69 \cdot 68 \cdot 67 \cdot 66}{1 \cdot 2 \cdot 3 \cdot 4 \cdot 5}$ = 12.103.014.

richtige Zahlen	Gewinn bei 1 € Einsatz	Gewinn bei 2 € Einsatz	Gewinn bei 5 € Einsatz	Gewinn bei 10 € Einsatz	Gewinn-chance für eine Reihe
5	100	200	500	1.000	1: 781
4	7	14	35	70	1: 50
3	2	4	10	20	1: 9
gesamte Gewinnchance					1: 7,3

Hier erzielt man in ungefähr 13,67 % aller Ziehungen einen Gewinn. Vom Spieleinsatz wird etwa 49,90 % ausgeschüttet.

KENO-Typ 4 (4 KENO-Zahlen)

Tippmöglichkeiten: $\binom{70}{4} = \frac{70 \cdot 69 \cdot 68 \cdot 67}{1 \cdot 2 \cdot 3 \cdot 4} = 916.895.$

richtige Zahlen	Gewinn bei 1 € Einsatz	Gewinn bei 2 € Einsatz	Gewinn bei 5 € Einsatz	Gewinn bei 10 € Einsatz	Gewinn-chance für eine Reihe
4	22	44	110	220	1: 189
3	2	4	10	20	1: 16
2	1	2	5	10	1: 4
gesamte Gewinnchance					1: 3,1

Hier gewinnt man in ungefähr 32,13 % aller Ziehungen. Vom Spieleinsatz wird etwa 49,44 % ausgeschüttet.

KENO-Typ 3 (3 KENO-Zahlen)

Tippmöglichkeiten: $\binom{70}{3} = \frac{70 \cdot 69 \cdot 68}{1 \cdot 2 \cdot 3} = 54.740.$

richtige Zahlen	Gewinn bei 1 € Einsatz	Gewinn bei 2 € Einsatz	Gewinn bei 5 € Einsatz	Gewinn bei 10 € Einsatz	Gewinn-chance für eine Reihe
3	16	32	80	160	1: 48
2	1	2	5	10	1: 6
gesamte Gewinnchance					1: 5,1

In etwa 19,44 % aller Ziehungen gibt es einen Gewinn. Vom Spieleinsatz wird ungefähr 50,68 %, also mehr als die Hälfte ausgeschüttet.

KENO-Typ 2 (2 KENO-Zahlen)

Tippmöglichkeiten: $\binom{70}{2} = \frac{70 \cdot 69}{1 \cdot 2} = 2.415.$

richtige Zahlen	Gewinn bei 1 € Einsatz	Gewinn bei 2 € Einsatz	Gewinn bei 5 € Einsatz	Gewinn bei 10 € Einsatz	Gewinn-chance für eine Reihe
2	6	12	30	60	1: 13
gesamte Gewinnchance					1: 13

Hier gewinnt man in ungefähr 7,87 % aller Ziehungen. Vom Spieleinsatz wird etwa 47,20 % ausgeschüttet.

Vergleich der 9 KENO-Typen

In der 2. Spalte der nachfolgenden Tabelle sind die Höchstgewinne bei einem Spieleinsatz von 1 Euro aufgeführt. Bei einem höheren Einsatz müssen diese Höchstwerte mit dem Einsatz multipliziert werden.

In der 3. Spalte steht jeweils der prozentuelle Anteil, der im Mittel vom gesamten Spieleinsatz ausgeschüttet wird. So erhalten auf Dauer sämtliche Teilnehmer/innen am 10er-KENO zusammen ungefähr 49,40 % des gesamten Spieleinsatzes als Gewinn zurück. In der 4. Spalte stehen die durchschnittlichen Quoten bei einem Spieleinsatz von 1 Euro. Bei einem höheren Einsatz müssen die mittleren Quoten mit dem Einsatz multipliziert werden. In der letzten Spalte sind die prozentuellen Gewinnchancen in irgendeiner Gewinnklasse aufgeführt. Sie geben an, wie oft mit einem KENO-Tipp überhaupt ein Gewinn erzielt wird.

getippte Zahlen	Höchstgewinn (in Euro) bei 1 Euro Einsatz	mittlerer proz. Gewinn vom Spieleinsatz	mittl. Quote (in Euro) bei 1 Euro Einsatz	prozentuelle Gewinnchance
10	100.000	49,40 %	3,65	13,5441483 %
9	50.000	50,05 %	4,69	10,6670044 %
8	10.000	48,94 %	2,30	21,2708567 %
7	1.000	49,57 %	5,12	9,6740378 %
6	500	49,74 %	2,24	22,1888163 %
5	100	49,90 %	3,65	13,6681161 %
4	22	49,44 %	1,54	32,1296332 %
3	16	50,68 %	2,61	19,4373402 %
2	6	47,20 %	6,00	7,8674948 %

Die prozentuellen Gewinnchancen variieren sehr stark. Das gilt auch für die mittleren Quoten bei einem Reihensatz von 1 Euro. Je höher die durchschnittliche Quote ist, desto niedriger ist die prozentuelle Gewinnchance. Multiplikation der mittleren Quote mit der prozentuellen Gewinnchance ergibt den prozentuellen Ausschüttungsanteil. Alle Ausschüttungsanteile liegen in der Nähe von 50 %.

Zusatzlotterie plus 5

Beim KENO kann zusätzlich an der Lotterie *plus 5* teilgenommen werden. Der Einsatz beträgt 0,75 Euro. Gespielt wird mit der 5-stelligen Losnummer auf dem Spielschein. Plus 5 ist wie Spiel 77 und Super 6 aufgebaut. In der nachfolgenden Tabelle sind die Gewinnklassen, die Quoten und die Gewinnchancen mit einem einzigen Los zusammengestellt.

Insgesamt gibt es 100.000 verschiedene Losnummern. Ein Gewinn ist nur dann möglich, wenn die letzte Ziffer der Losnummer mit der letzten Ziffer der Gewinnzahl übereinstimmt. In welcher Klasse dann ein Gewinn erzielt wird, hängt von den übrigen Ziffern ab. Daher beträgt die gesamte Gewinnchance 1:10. Im statistischen Durchschnitt erzielt eine Losnummer in ungefähr 10 % der Ziehungen einen Gewinn.

Gewinnklasse	Quote	Gewinnchance
1 (richtige Gewinnzahl)	5.000 Euro	1: 100.000
2 (4 richtige Endziffern)	500 Euro	1: 11.111
3 (3 richtige Endziffern)	50 Euro	1: 1.111
4 (2 richtige Endziffern)	5 Euro	1: 111
5 (1 richtige Endziffer)	2 Euro	1: 11
gesamte Gewinnchance		1: 10

Die durchschnittliche Quote beträgt 3,65 Euro. Vom gesamten Spieleinsatz wird ungefähr 48,67 % ausgeschüttet.

Zusammenfassung

Für alle **KENO-Typen** mit 10, 9, ..., 2 Tippzahlen werden die Quoten mit den zugehörigen prozentuellen Gewinnchancen angegeben.

In einem Vergleich werden für alle KENO-Typen die jeweiligen **prozentuellen Ausschüttungen** vom gesamten Spieleinsatz und die **prozentuellen Gewinnchancen** zusammengestellt. Ferner sind die Höchstgewinne und die **mittleren** (durchschnittlichen) **Quoten** bei 1 Euro Spieleinsatz aufgeführt. Behandelt werden auch die Quoten und Gewinnchancen der Zusatzlotterie **plus 5**.

12 Tippreihen mit benachbarten Zahlen

Viele beliebte Mustertipps entstehen dadurch, dass auf dem quadratischen Spielfeld benachbarte (aufeinanderfolgende) Zahlen getippt werden. In der Reihe 4 **13 14** 37 39 46 sind die beiden Zahlen 13 und 14 **benachbart**. Zwischen diesen beiden getippten Zahlen gibt es keine weitere Zahl, also keine **Lücke**. In der Reihe **23 24 25 26 27** 39 sind fünf Zahlen benachbart, die Reihe 12 23 38 42 45 48 enthält keine benachbarten Zahlen.

Bei der Untersuchung von Gewinnreihen kann festgestellt werden, dass sehr oft benachbarte Zahlen auftreten, ja sogar in ungefähr der Hälfte aller Gewinnreihen. Die Tatsache, dass etwa die Hälfte der Gewinnreihen mindestens zwei benachbarte Zahlen enthalten, überrascht manche Beobachter. Viele Personen sind der Meinung, es gebe doch wesentlich mehr Reihen ohne benachbarte Zahlen als Reihen mit benachbarten Zahlen. Dann wären aber die Gewinnreihen nicht repräsentativ. Um dies zu klären, soll die Anzahl aller Tippreihen mit mindestens zwei benachbarten Zahlen bestimmt werden. Ein möglicher Weg wäre, bei sämtlichen Tippreihen in der lexikographischen Anordnung (s. Kapitel 10) mit einem Computer direkt nachzuprüfen, ob darin benachbarte Zahlen enthalten sind. Dadurch erhält man zwar die gesuchte Anzahl. Diese Methode wäre allerdings sehr zeitaufwendig. Es gibt nämlich ein mathematisches Verfahren, mit dem die Anzahl berechnet werden kann, ohne dass auch nur eine einzige Tippreihe untersucht werden muss. Einfacher zur berechnen ist jedoch die Anzahl aller Tippreihen ohne benachbarte Zahlen.

Anzahl der Tippreihen ohne benachbarte Zahlen

Die gesuchte Anzahl kann mit Hilfe der folgenden Transformation bestimmt werden. In jeder Reihe ohne benachbarte Zahlen gibt es zwischen jeweils zwei Zahlen **eine Lücke** von mindestens einer Zahl. Die Tippreihe 12 14 23 29 37 49 ist eine solche. In dieser Reihe wird aus jeder Lücke eine Zahl „herausgenommen". Dies geschieht folgendermaßen: Von der zweiten Tippzahl wird die Zahl 1, von der dritten die 2, von der vierten die 3, von der fünften die 4 und von der sechsten Tippzahl die Zahl 5 subtrahiert.

Reihe ohne benachbarte Zahlen							transformierte Reihe					
12	14	23	29	37	49	⇔	12	13	21	26	33	44
2	19	24	27	39	45	⇔	2	18	22	24	35	40
2	4	6	8	10	12	⇔	2	3	4	5	6	7
	- 1	- 2	- 3	- 4	- 5			+ 1	+ 2	+ 3	+ 4	+ 5

Im Gegensatz zur Ausgangsreihe kann die transformierte Reihe benachbarte Zahlen enthalten. Nur wenn in der Ausgangsreihe die Differenz zweier aufeinander folgender Zahlen gleich 2 ist, sind die beiden transformierten Zahlen benachbart. Aus der transformierten Reihe kann die Ausgangsreihe zurückgewonnen werden. Dazu muss in der transformierten Reihe zur zweiten Zahl die 1, zur dritten Zahl die 2, zur vierten die 3, zur fünften die 4 und zur sechsten Zahl die 5 addiert werden. Mit diesem Umkehrverfahren kann aus jeder möglichen transformierten Reihe eine Ausgangsreihe ohne benachbarte Zahlen gewonnen werden. Falls die Ausgangsreihe die Endzahl 49 besitzt, hat die transformierte Reihe die Endzahl 44. Daher bestehen alle transformierten Reihen nur aus Zahlen zwischen 1 und 44. Um eine transformierte Reihe zu erhalten, müssen aus den 44 Zahlen 6 ausgewählt werden. Für eine solche „6 aus 44“-Auswahl gibt es insgesamt

$\binom{44}{6} = \frac{44 \cdot 43 \cdot 42 \cdot 41 \cdot 40 \cdot 39}{1 \cdot 2 \cdot 3 \cdot 4 \cdot 5 \cdot 6} = 7.059.052$ Auswahlmöglichkeiten.

Aus jeder dieser Reihen kann durch Rücktransformation eine Reihe **ohne benachbarte Zahlen** gebildet werden. Umgekehrt sind die Transformationen sämtlicher Reihen ohne benachbarte Zahlen in dieser Menge enthalten. Damit gibt es insgesamt 7.059.052 Tippreihen ohne benachbarte Zahlen. Das sind 50,48 % aller Reihen.

Anzahl der Tippreihen mit benachbarten Zahlen

Weil es insgesamt 7.059.052 Reihen ohne benachbarte Zahlen gibt, muss jede der restlichen 6.924.764 Reihen mindestens zwei benachbarte Zahlen enthalten. Das sind ungefähr 49,52 %, also fast die Hälfte aller Tippreihen. Auf Dauer besitzen daher ungefähr 49,52 % sämtlicher Gewinnreihen mindestens zwei benachbarte Zahlen.

In den nachfolgenden Beispielen werden aus Reihen, deren Zahlen nicht größer als 44 sind, Tippreihen ohne benachbarte Zahlen hergestellt.

Reihen mit Zahlen bis 44							Reihen ohne benachbarte Zahlen					
18	19	33	37	41	44	⇔	18	20	35	40	45	49
5	16	17	25	40	41	⇔	5	17	19	28	44	46
2	7	12	17	22	27	⇔	2	8	14	20	26	32
2	3	4	5	6	7	⇔	2	4	6	8	10	12
39	40	41	42	43	44	⇔	39	41	43	45	47	49
	+ 1	+ 2	+ 3	+ 4	+ 5			- 1	- 2	- 3	- 4	- 5

Tippreihen mit speziellen Gruppen benachbarter Zahlen

Für benachbarte Zahlen sind folgende Bezeichnungen üblich:

Gruppe	Anzahl benachbarter Zahlen	Beispiel					
Pärchen oder Zwilling	2	12	15	21	**29**	**30**	45
Drilling	3	6	**16**	**17**	**18**	30	36
Vierling	4	12	**21**	**22**	**23**	**24**	48
Fünfling	5	2	**32**	**33**	**34**	**35**	**36**
Sechsling	6	**13**	**14**	**15**	**16**	**17**	**18**

Zwischen einem Fünfling und der 6. Zahl der Reihe muss es eine Lücke geben. Die Zahlen dürfen also nicht unmittelbar aufeinander folgen, denn sonst würde ja aus dem Fünfling ein Sechsling. Solche Lücken muss es zwischen jeder Gruppe benachbarter Zahlen und den übrigen Zahlen der Tippreihe geben. In einer Reihe mit benachbarten Zahlen dürfen nur die Zahlen innerhalb der gleichen Gruppe direkt aufeinander folgen.

Die ersten sowie die letzten fünf Zahlen eines Sechslings würden prinzipiell einen Fünfling ergeben. Doch solche Fünflinge werden nicht mitgezählt. Das gleiche gilt für die anderen Gruppen.

In einer Tippreihe kann es zwei oder drei Pärchen geben, z.B.

3 **12** **13** 19 **37** **38** (2 Pärchen); **17** **18** **28** **29** **48** **49** (3 Pärchen).

Ferner sind in einer Reihe zwei Drillinge oder ein Drilling und ein Pärchen möglich. Zu einem Vierling kann noch ein Pärchen kommen.

Die Anzahl der Reihen mit Pärchen, Drillingen, einem Vierling, Fünfling oder Sechsling können mit Hilfe kombinatorischer Methoden berechnet werden. Dazu wird die bereits benutzte Transformation formal auf Reihen mit benachbarten Zahlen angewandt.

Beispiele

Reihen mit benachbarten Zahlen							transformierte Reihe					
15	16	23	29	37	38	⇔	15	15	21	26	33	33
12	14	30	31	32	49	⇔	12	13	28	28	28	44
18	19	40	41	42	43	⇔	18	18	38	38	38	38
12	19	20	21	22	23	⇔	12	18	18	18	18	18
33	34	35	36	37	38	⇔	33	33	33	33	33	33
	- 1	- 2	- 3	- 4	- 5			+ 1	+ 2	+ 3	+ 4	+ 5

Durch diese Transformation geht jeweils die gesamte Gruppe benachbarter Zahlen auf die gleiche Zahl über. Das Bild ist dann keine Tippreihe. Durch Rücktransformation entsteht jedoch daraus eine Tippreihe mit den entsprechenden Gruppen benachbarter Zahlen. Dazu wählt man aus den Zahlen 1 bis 44 sechs Zahlen aus, von denen beliebig viele gleich sein dürfen. In der transformierten Reihe wird ein Pärchen durch zwei gleiche Zahlen, ein Drilling durch drei, ein Vierling durch vier, ein Fünfling durch fünf und ein Sechsling durch sechs gleiche Zahlen dargestellt. Durch die Rücktransformation entsteht dann eine Reihe mit den entsprechenden Gruppen benachbarter Zahlen.

Beispiele

transformierte Reihe							Ausgangsreihe					
15	15	15	35	44	44	⇔	15	16	17	38	48	49
9	10	10	10	10	39	⇔	9	11	12	13	14	44
6	6	6	20	20	20	⇔	6	7	8	23	24	25
15	15	15	15	29	29	⇔	15	16	17	18	33	34
10	10	10	10	10	10	⇔	10	11	12	13	14	15
	+ 1	+ 2	+ 3	+ 4	+ 5			- 1	- 2	- 3	- 4	- 5

Anzahl der Tippreihen mit speziellen Gruppen benachbarter Zahlen

Aus transformierten Reihen mit gleichen Zahlen kann mit Hilfe kombinatorischer Methoden auch die jeweilige Anzahl der Tippreihen mit den entsprechenden Gruppen benachbarter Zahlen berechnet werden. In der nachfolgenden Tabelle ist die Anzahl der jeweiligen Tippreihen mit den angegebenen Gruppen benachbarter Zahlen in der letzten Spalte aufgeführt.

Gruppen in der Reihe	Beispiel						Anzahl Tippreihen
Sechsling	17	18	19	20	21	22	44
Fünfling	2	31	32	33	34	35	1.892
Vierling und Pärchen	12	13	24	25	26	27	1.892
Vierling ohne Pärchen	9	17	29	30	31	32	39.732
Zwei Drillinge	21	22	23	39	40	41	946
Drilling und Pärchen	8	9	17	21	22	23	79.464
Drilling ohne Pärchen	7	11	18	19	20	41	543.004

drei Pärchen	4	5	13	14	39	40	13.244
zwei Pärchen	9	24	25	31	32	48	814.506
nur ein Pärchen	4	11	28	29	37	43	5.430.040
Anzahl der Reihen mit benachbarten Zahlen (Summe)							6.924.764

Nicht alle benachbarten Zahlen derselben Gruppe müssen in der gleichen Zeile des quadratischen Tippfeldes stehen. Es kann also innerhalb der Gruppe ein Zeilenwechsel stattfinden. Die geschieht immer dann, wenn die letzte Zahl einer Zeile und die darauf folgende Zahl zur gleichen Gruppe benachbarter Zahlen gehören. Dazu die folgenden Beispiele.

1	2	3	4	5	6	7
8	9	10	11	12	13	14
15	16	17	18	19	20	21
22	23	24	25	26	27	28
29	30	31	32	33	34	35
36	37	38	39	40	41	42
43	44	45	46	47	48	49

Sechsling in einer Zeile

1	2	3	4	5	6	7
8	9	10	11	12	13	14
15	16	17	18	19	20	21
22	23	24	25	26	27	28
29	30	31	32	33	34	35
36	37	38	39	40	41	42
43	44	45	46	47	48	49

Fünfling mit Zeilenwechsel

1	2	3	4	5	6	7
8	9	10	11	12	13	14
15	16	17	18	19	20	21
22	23	24	25	26	27	28
29	30	31	32	33	34	35
36	37	38	39	40	41	42
43	44	45	46	47	48	49

zwei Drillinge, jeweils ohne Zeilenwechsel

1	2	3	4	5	6	7
8	9	10	11	12	13	14
15	16	17	18	19	20	21
22	23	24	25	26	27	28
29	30	31	32	33	34	35
36	37	38	39	40	41	42
43	44	45	46	47	48	49

drei Pärchen, nur eines mit Zeilenwechsel

1	2	3	4	5	6	7
8	9	10	11	12	13	14
15	16	17	18	19	20	21
22	23	24	25	26	27	28
29	30	31	32	33	34	35
36	37	38	39	40	41	42
43	44	45	46	47	48	49

Pärchen und Vierling, jeweils ohne Zeilenwechsel

1	2	3	4	5	6	7
8	9	10	11	12	13	14
15	16	17	18	19	20	21
22	23	24	25	26	27	28
29	30	31	32	33	34	35
36	37	38	39	40	41	42
43	44	45	46	47	48	49

Drilling und Pärchen, jeweils ohne Zeilenwechsel

Viele Spielteilnehmer/innen tippen nur solche Sechslinge, Fünflinge, Vierlinge, Drillinge oder Pärchen, deren Zahlen sich in der gleichen Zeile befinden. Zeilenwechsel sind also nicht beliebt. Daher werden unter den getippten Reihen Gruppen aus der gleichen Zeile bevorzugt. Ohne Zeilenwechsel gibt es in jeder der 7 Zeilen zwei verschiedene Sechslinge, drei Fünflinge, vier Vierlinge, fünf Drillinge und sechs Einzelpärchen. Für einen Vierling und ein Pärchen in der gleichen Zeile gibt es nur zwei Möglichkeiten, bei denen das Pärchen entweder am Anfang oder am Ende der Zeile steht. Zwei Drillinge in einer Zeile sind nur dann möglich, wenn ein Drilling am Anfang, der andere am Ende der Zeile steht. Bei zwei Pärchen in einer Zeile gibt es darin keinen Platz mehr für eine andere Gruppe.

Bei einer Lotto-Ziehung haben sämtliche Zahlen einer Gruppe die gleiche Chance, gezogen zu werden, unabhängig von einem Zeilenwechsel. Im Gegensatz zu den Teilnehmern kann ja das Ziehungsgerät durch die quadratische Anordnung auf dem Tippfeld „nicht beeinflusst" werden.

Vertikal benachbarte Zahlen

Viele beliebte Mustertipps entstehen dadurch, dass Zahlen angekreuzt werden, die auf dem quadratischen Tippfeld direkt untereinander stehen. Solche Zahlen heißen **vertikal benachbart**. Dann befinden sich diese Zahlen in der gleichen Spalte. Falls nach unten keine Fortsetzung mehr möglich ist, werden die weiteren Zahlen in der nächsten Spalte von oben an getippt. Von der 7. Spalte aus ist das jedoch nicht mehr möglich. Hier können sämtlichen bisherigen Bezeichnungen mit dem Zusatz **vertikal** übernommen werden. Es gibt also vertikale Pärchen, vertikale Drillinge, vertikale Vierlinge, vertikale Fünflinge und vertikale Sechslinge. Die Anzahl der Tippreihen mit speziellen Gruppen vertikal benachbarter Zahlen muss dabei nicht neu berechnet werden. Durch Vertauschen der Zeilen und Spalten des quadratischen Tippfeldes (Spiegelung an der Diagonalen 1-9-17-25-33-41-49) gehen vertikal benachbarte Zahlen in horizontal benachbarte über und umgekehrt. Daher gibt es z.B. genauso viele vertikale Drillinge wie (horizontale) Drillinge. Die Anzahl der jeweiligen Tippreihen mit den entsprechenden Gruppen kann daher direkt aus S. 158 mit dem Zusatz vertikal übernommen werden.

Beispiele

1	2	3	4	5	6	7
8	9	10	11	12	13	14
15	16	17	18	19	20	21
22	23	24	25	26	27	28
29	30	31	32	33	34	35
36	37	38	39	40	41	42
43	44	45	46	47	48	49

vertikaler Sechsling ohne Spaltenwechsel

1	2	3	4	5	6	7
8	9	10	11	12	13	14
15	16	17	18	19	20	21
22	23	24	25	26	27	28
29	30	31	32	33	34	35
36	37	38	39	40	41	42
43	44	45	46	47	48	49

vertikaler Fünfling mit Spaltenwechsel

1	2	3	4	5	6	7
8	9	10	11	12	13	14
15	16	17	18	19	20	21
22	23	24	25	26	27	28
29	30	31	32	33	34	35
36	37	38	39	40	41	42
43	44	45	46	47	48	49

zwei vertikale Drillinge, jeweils ohne Spaltenwechsel

Nur wenn zwei **vertikal benachbarte** Zahlen in der gleichen Spalte stehen, ist ihre Differenz gleich 7. Von den Gruppen vertikal benachbarter Zahlen werden von den Teilnehmern meistens nur solche aus der gleichen Spalte getippt. Ein Spaltenwechsel innerhalb einer Gruppe ist noch unbeliebter als ein Zeilenwechsel.

Diagonal benachbarte Zahlen

Beliebt sind auch Tippreihen mit Zahlen, die auf einer Diagonalen benachbart sind, z.B. die Reihen 1 9 17 25 33 41 und 7 13 19 25 31 37 auf den Hauptdiagonalen oder Reihen mit Zahlen, welche auf Parallelen dazu benachbart sind.

1	2	3	4	5	6	7
8	9	10	11	12	13	14
15	16	17	18	19	20	21
22	23	24	25	26	27	28
29	30	31	32	33	34	35
36	37	38	39	40	41	42
43	44	45	46	47	48	49

diagonaler Sechsling

1	2	3	4	5	6	7
8	9	10	11	12	13	14
15	16	17	18	19	20	21
22	23	24	25	26	27	28
29	30	31	32	33	34	35
36	37	38	39	40	41	42
43	44	45	46	47	48	49

diagonaler Vierling

und

diagonales Pärchen

Zusammenfassung

In diesem Kapitel wird eine Methode vorgestellt, mit der **Tippreihen mit benachbarten Zahlen** gebildet werden können. Damit kann auch die Anzahl der Tippreihen mit mindestens zwei benachbarten Zahlen bestimmt werden. Ebenfalls wird die Anzahl der Tippreihen angegeben, welche spezielle Gruppen benachbarter Zahlen enthalten. Weiter werden Tippreihen mit **vertikal** bzw. **diagonal benachbarten Zahlen** untersucht.

13 Beliebte Lottozahlen und Tippreihen

Zur Untersuchung des Tippverhaltens wurden vom Autor 7.777.556 Tippreihen untersucht, die am Samstag, den 16.10.1993, in Baden-Württemberg tatsächlich gespielt und auch ausgezahlt wurden. Das Auswertungsmaterial ist zwar schon etwas älter, doch aus den Gewinnreihen mit den zugehörigen Quoten aus den vergangenen Jahren kann davon ausgegangen werden, dass sich das Tippverhalten in der Zwischenzeit kaum geändert hat.

Bei den 7.777.556 eingesetzten Tippreihen wurde jede der 13.983.816 verschiedenen Tippreihen im Durschnitt

$\frac{7.777.556}{13.983.816}$ = 0,556183–Mal getippt.

Es gab jedoch starke Schwankungen. Falls jede der 7.777.556 Reihen nur 1-Mal getippt worden wäre, könnten 6.206.260 Reihen gar nicht getippt worden sein. Es wurden natürlich wesentlich mehr Reihen nicht getippt, nämlich 9.505.849 Reihen. Insgesamt wurden nur 4.477.967 verschiedene Reihen getippt, das sind 57,58 % aller ausgewerteten Reihen. Daraus kann geschlossen werden, dass sich die große Masse der Tippreihen auf einem Bereich von etwa 60 % aller möglichen Reihen konzentriert. Die übrigen Reihen werden relativ selten, viele davon gar nicht getippt. Am beliebtesten war die **Diagonalreihe** 1 9 17 25 33 41. Diese wurde 4.850-Mal getippt, also 8.720-Mal über dem Durchschnitt.

Bei einem Spieleinsatz von 70 Millionen Tippreihen würde bei zufälliger Auswahl aller Tippreihen im statistischen Durchschnitt jede Reihe ungefähr 5-Mal getippt. Der beliebteste Mustertipp könnte bei diesem Spieleinsatz jedoch ungefähr 40.000-Mal getippt werden. In den nachfolgenden Auswertungen wird zur besseren Vergleichbarkeit bei jeder Reihe angegeben, wie oft sie in der Auswertung über dem Durchschnitt getippt wurde. Dazu müssen die Häufigkeiten durch 0,556183 dividiert, also mit 1,79797 multipliziert werden.

Beliebtheit der einzelnen Zahlen

Allgemein kann davon ausgegangen werden, dass bei einer Ziehung jede Zahl die gleiche Chance hat, gezogen zu werden. Diese Chance ist 6 : 49. In den 7.777.556 ausgewerteten Reihen sind insgesamt 46.665.336 Zahlen getippt. Bei gleichmäßiger Auswahl sämtlicher 49 Zahlen hätte jede Zahl ungefähr 952.354-Mal getippt sein müssen. Bei einer zufälligen Auswahl aller Tippreihen würden die Häufigkeiten der getippten Zahlen um diesen Wert schwanken. Falls alle Zahlen ungefähr gleich oft getippt worden wären, müsste der prozentuelle Anteil jeder Zahl ungefähr gleich 2,0408 % sein. In der nachfolgenden Tabelle ist aufgeführt, wie oft jede Zahl getippt wurde (Häufigkeit in der 2. Spalte). In der 3. Spalte steht die prozentuelle Häufigkeit, also der prozentuelle Anteil der jeweiligen Zahl an allen getippten Zahlen. In der 4. Spalte ist angegeben, um wie viel Prozent die jeweilige Tipphäufigkeit den Durchschnittswert über- (+) bzw. unterschreitet (-).

Zahl	Tipphäufigkeit der Zahl	prozentuelle Häufigkeit	prozentual über/unter dem Durchschnitt
1	862.588	1,84846 %	– 9,426 %
2	975.576	2,09058 %	+ 2,438 %
3	1.117.870	2,39550 %	+ 17,380 %
4	1.049.116	2,24817 %	+ 10,160 %
5	1.060.533	2,27264 %	+ 11,359 %
6	1.022.314	2,19074 %	+ 7,346 %
7	1.170.485	2,50825 %	+ 22,904 %
8	879.904	1,88556 %	– 7,607 %

9	1.210.124	2,59320 %	+ 27,067 %
10	1.164.714	2,49589 %	+ 22,298 %
11	1.145.400	2,45450 %	+ 20,270 %
12	1.097.138	2,35018 %	+ 15,203 %
13	966.125	2,07033 %	+ 1,446 %
14	782.538	1,67691 %	– 17,831 %
15	776.377	1,66371 %	– 18,478 %
16	987.939	2,11707 %	+ 3,737 %
17	1.169.251	2,50561 %	+ 22,775 %
18	1.137.097	2,43671 %	+ 19,399 %
19	1.263.965	2,70875 %	+ 32,720 %
20	868.218	1,86052 %	– 8,835 %
21	895.742	1,91950 %	– 5,944 %
22	773.512	1,65757 %	– 18,779 %
23	961.604	2,06064 %	+ 0,971 %
24	1.087.436	2,33029 %	+ 14,184 %
25	1.130.730	2,42306 %	+ 18,730 %
26	1.046.794	2,24319 %	+ 9,917 %
27	974.931	2,08920 %	+ 2,371 %
28	849.467	1,82034 %	– 10,803 %
29	748.225	1,60339 %	– 21,434 %
30	961.378	2,06015 %	+ 0,948 %
31	1.058.792	2,26890 %	+ 11,176 %
32	1.105.245	2,36845 %	+ 16,054 %
33	1.059.811	2,27109 %	+ 11,283 %
34	854.695	1,83154 %	– 10,254 %
35	745.489	1,59752 %	– 21,721 %
36	702.610	1,50564 %	– 26,224 %
37	882.535	1,89120 %	– 7,331 %
38	965.617	2,06924 %	+ 1,393 %

39	990.777	2,12315 %	+ 4,035 %
40	984.830	2,11041 %	+ 3,410 %
41	936.280	2,00637 %	– 1,688 %
42	765.644	1,64071 %	– 19,605 %
43	725.585	1,55487 %	– 23,811 %
44	765.675	1,64078 %	– 19,602 %
45	803.897	1,72269 %	– 15,588 %
46	824.151	1,76609 %	– 13,462 %
47	765.689	1,64081 %	– 19,600 %
48	796.445	1,70672 %	– 16,371 %
49	794.478	1,70250 %	– 16,575 %
Zahl	Tipphäufigkeit der Zahl	prozentuelle Häufigkeit	prozentual über/unter dem Durchschnitt

Am beliebtesten war die Zahl 19. Sie wurde 32,720 % über dem Durchschnitt getippt. Der Grund für diese Beliebtheit sind **Geburtstagstipps**. Danach folgt die Zahl 9 mit 27,067 % über dem Durchschnitt.

Die **beliebtesten Zahlen** lauten in der Reihenfolge ihrer Beliebtheit

19, 9, 7, 17, 10, 11, 18, 25, 3, 32, 12, 24, 5, 33, 31, 4, 26, 6.

Die unbeliebteste Zahl war die 36. Sie wurde 26,224 % unter dem Durchschnitt getippt, danach folgt die Zahl 43 mit 23,811 % unter dem Durchschnitt.

Die **unbeliebtesten Zahlen** lauten in der Reihenfolge

36, 43, 35, 29, 42, 44, 47, 22, 15, 14, 49, 48, 45, 46, 28, 34, 1, 20, 8, 37, 21.

Die beliebten und unbeliebten Zahlen sind in den nachfolgenden Tippfeldern eingetragen.

1	2	3	4	5	6	7
8	9	10	11	12	13	14
15	16	17	18	19	20	21
22	23	24	25	26	27	28
29	30	31	32	33	34	35
36	37	38	39	40	41	42
43	44	45	46	47	48	49

beliebte Zahlen

1	2	3	4	5	6	7
8	9	10	11	12	13	14
15	16	17	18	19	20	21
22	23	24	25	26	27	28
29	30	31	32	33	34	35
36	37	38	39	40	41	42
43	44	45	46	47	48	49

unbeliebte Zahlen

Die beliebten Zahlen liegen mehr in der Mitte des quadratischen Tippfeldes, allerdings nicht in den beiden letzten Zeilen.

Die unbeliebten Zahlen befinden sich mehr am linken, unteren und rechten Rand des quadratischen Tippfeldes. Eine Ausnahme ist dabei die Zahl 7.

Jemand könnte deshalb auf die Idee kommen, nur noch Reihen mit unbeliebten Zahlen zu tippen. Aus den 21 angegebenen unbeliebten Zahlen können jedoch nur

$$\binom{21}{6} = \frac{21 \cdot 20 \cdot 19 \cdot 18 \cdot 17 \cdot 16}{1 \cdot 2 \cdot 3 \cdot 4 \cdot 5 \cdot 6} = 54.264$$

Tippreihen gebildet werden. Falls aber sehr viele Personen nur solche Reihen tippen würden, wären diese Reihen plötzlich sehr beliebt.

Beliebtheit von Mustertipps

Mustertipps sind Tippreihen, die auf dem quadratischen Tippfeld schön aussehen. Dazu gehören Diagonal-, Horizontal-, Vertikalreihen, Tippreihen, die auf dem quadratischen

Tippfeld eine **geometrische Figur** bilden, oder Reihen, die einer **Zahl** oder einem **Buchstaben** ähnlich sind. **Arithmetische Reihen** sind Tippreihen, in denen aufeinander folgende Zahlen die gleiche Differenz haben, z.B. 3 6 9 12 15 18 (Differenz 3) oder 3 8 13 18 23 28 (Differenz 5). Auch solche Reihen sind sehr beliebt. Manche Muster bestehen auch gleichzeitig aus horizontal, vertikal oder diagonal benachbarten Zahlen. Nachfolgend sind beliebte Mustertipps im quadratischen Tippfeld eingezeichnet.

1	2	3	4	5	6	7
8	9	10	11	12	13	14
15	16	17	18	19	20	21
22	23	24	25	26	27	28
29	30	31	32	33	34	35
36	37	38	39	40	41	42
43	44	45	46	47	48	49

Diagonalreihe

1	2	3	4	5	6	7
8	9	10	11	12	13	14
15	16	17	18	19	20	21
22	23	24	25	26	27	28
29	30	31	32	33	34	35
36	37	38	39	40	41	42
43	44	45	46	47	48	49

Horizontalreihe

1	2	3	4	5	6	7
8	9	10	11	12	13	14
15	16	17	18	19	20	21
22	23	24	25	26	27	28
29	30	31	32	33	34	35
36	37	38	39	40	41	42
43	44	45	46	47	48	49

Vertikalreihe

1	2	3	4	5	6	7
8	9	10	11	12	13	14
15	16	17	18	19	20	21
22	23	24	25	26	27	28
29	30	31	32	33	34	35
36	37	38	39	40	41	42
43	44	45	46	47	48	49

Rechteck

1	2	3	4	5	6	7
8	9	10	11	12	13	14
15	16	17	18	19	20	21
22	23	24	25	26	27	28
29	30	31	**32**	**33**	34	35
36	37	**38**	**39**	40	41	42
43	**44**	**45**	46	47	48	49

Parallelogramm

1	2	3	4	5	6	7
8	9	10	**11**	12	13	14
15	16	**17**	**18**	**19**	20	21
22	23	24	**25**	26	27	28
29	30	31	**32**	33	34	35
36	37	38	39	40	41	42
43	44	45	46	47	48	49

Kreuz

1	2	3	4	5	6	7
8	9	10	11	12	13	14
15	**16**	**17**	**18**	19	20	21
22	23	24	**25**	26	27	28
29	30	31	**32**	33	34	35
36	37	38	**39**	40	41	42
43	44	45	46	47	48	49

Winkelhaken

1	2	3	4	5	6	7
8	9	10	11	**12**	13	14
15	16	17	**18**	**19**	20	21
22	23	24	25	**26**	27	28
29	30	31	32	**33**	34	35
36	37	38	39	**40**	41	42
43	44	45	46	47	48	49

Zahl Eins

1	2	3	4	5	6	7
8	**9**	10	11	12	**13**	14
15	16	17	18	19	20	21
22	**23**	24	25	26	**27**	28
29	30	31	32	33	34	35
36	37	**38**	39	**40**	41	42
43	44	45	46	47	48	49

Buchstabe U

1	**2**	**3**	**4**	5	6	7
8	9	**10**	11	12	13	14
15	16	**17**	18	19	20	21
22	23	**24**	25	26	27	28
29	30	31	32	33	34	35
36	37	38	39	40	41	42
43	44	45	46	47	48	49

Buchstabe T

Mustertipps waren in meiner Auswertung sehr beliebt. Manche davon wurden einige tausend Mal getippt, manche nur wenige hundert Mal, einige seltener. Man kann davon ausgehen, dass Mustertipps auch jetzt noch überdurchschnittlich oft getippt werden. Falls ein solcher Mustertipp die Gewinnreihe wird, sind die Quoten zumindest in den beiden oberen Gewinnklassen niedrig.

Die beliebtesten Mustertipps

Die 10 beliebtesten Mustertipps sind nachfolgend eingezeichnet. Dabei ist jeweils angegeben, wir oft diese über dem Durchschnitt getippt wurden.

1	2	3	4	5	6	7
8	**9**	10	11	12	13	14
15	16	**17**	18	19	20	21
22	23	24	**25**	26	27	28
29	30	31	32	**33**	34	35
36	37	38	39	40	**41**	42
43	44	45	46	47	48	49

8.720-Mal über dem Durchschnitt

1	2	3	4	5	6	**7**
8	9	10	11	12	**13**	14
15	16	17	18	**19**	20	21
22	23	24	**25**	26	27	28
29	30	**31**	32	33	34	35
36	**37**	38	39	40	41	42
43	44	45	46	47	48	49

8.334-Mal über dem Durchschnitt

1	2	3	4	5	6	**7**
8	9	10	11	12	13	**14**
15	16	17	18	19	20	**21**
22	23	24	25	26	27	**28**
29	30	31	32	33	34	**35**
36	37	38	39	40	41	**42**
43	44	45	46	47	48	49

7.976-Mal über dem Durchschnitt

1	**2**	**3**	**4**	**5**	**6**	7
8	9	10	11	12	13	14
15	16	17	18	19	20	21
22	23	24	25	26	27	28
29	30	31	32	33	34	35
36	37	38	39	40	41	42
43	44	45	46	47	48	49

6.647-Mal über dem Durchschnitt

1	2	3	**4**	5	6	7
8	9	10	**11**	12	13	14
15	16	17	**18**	19	20	21
22	23	24	**25**	26	27	28
29	30	31	**32**	33	34	35
36	37	38	**39**	40	41	42
43	44	45	46	47	48	49

5.800-Mal über dem Durchschnitt

1	2	3	4	5	**6**	7
8	9	10	11	**12**	13	14
15	16	17	**18**	19	20	21
22	23	**24**	25	26	27	28
29	**30**	31	32	33	34	35
36	37	38	39	40	41	42
43	44	45	46	47	48	49

5.518-Mal über dem Durchschnitt

1	2	3	4	5	6	7
8	9	10	11	12	**13**	14
15	16	17	18	**19**	20	21
22	23	24	**25**	26	27	28
29	30	**31**	32	33	34	35
36	**37**	38	39	40	41	42
43	44	45	46	47	48	49

4.774-Mal über dem Durchschnitt

1	2	3	4	5	6	7
8	**9**	10	11	12	13	14
15	16	**17**	18	19	20	21
22	23	24	**25**	26	27	28
29	30	31	32	**33**	34	35
36	37	38	39	40	**41**	42
43	44	45	46	47	48	**49**

4.567-Mal über dem Durchschnitt

1	2	3	4	5	6	7
8	9	10	11	12	13	14
15	16	17	18	19	20	21
22	23	24	25	26	27	28
29	30	31	32	33	34	35
36	37	38	39	40	41	42
43	44	45	46	47	48	49

4.346-Mal über dem Durchschnitt

1	2	3	4	5	6	7
8	9	10	11	12	13	14
15	16	17	18	19	20	21
22	23	24	25	26	27	28
29	30	31	32	33	34	35
36	37	38	39	40	41	42
43	44	45	46	47	48	49

3.195-Mal über dem Durchschnitt

Jemand könnte trotzdem auf die Idee kommen, diese 10 Reihen zu tippen. Diese Reihen haben zwar die gleiche Chance wie andere Reihen auch. Doch falls eine dieser Reihen die Gewinnreihe werden sollte, gäbe es für einen Sechser sehr niedrige Quoten.

Erster großer Jackpot mit Mustertipp geknackt

Am Samstag, 23.1.1988, gab es den bis dahin größten Jackpot von 18.826.465,80 DM. Die Gewinnreihe lautete 24 25 26 30 31 32; ZZ 33. Damals gab es noch eine Zusatzzahl, aber keine Superzahl. Der Spieleinsatz für eine Tippreihe betrug 1 DM. Bei dem damaligen Spieleinsatz wäre bei zufälliger Auswahl aller getippten Reihen im statistischen Durchschnitt mit etwa 11 Sechsern zu rechnen gewesen. Es gab jedoch 222 Sechser.

Die Gewinnreihe stellt ein **Parallelogramm** dar, das aus zwei **Drillingen** besteht. Der untere Drilling ist um eine Einheit nach links versetzt. Auch die Zusatzzahl 33 passte gut in das Muster. Wer anstelle der Zahl 30 die 33 getippt hatte, erzielte mit einem **Rechteck-Mustertipp** einen Fünfer mit Zusatzzahl. Der Rechteck-Mustertipp 23 24 25 30 31 32 ergab einen

Fünfer ohne Zusatzzahl. Daher gab es auch überdurchschnittlich viele Fünfer mit. bzw. ohne Zusatzzahl.

1	2	3	4	5	6	7
8	9	10	11	12	13	14
15	16	17	18	19	20	21
22	23	24	25	26	27	28
29	30	31	32	33	34	35
36	37	38	39	40	41	42
43	44	45	46	47	48	49

Die tatsächlichen und damaligen theoretischen Quoten (in DM) sind in der nachfolgenden Tabelle zusammengestellt.

Gewinnklasse	Anzahl der Gewinne	Quote (in DM)	theoretische Quote (in DM)
1 (6 Richtige)	222	84.803,90	1.048.786,20
2 (5 R mit ZZ)	1.509	3.750,70	87.398,80
3 (5 R ohne ZZ)	4.725	3.593,60	6.242,70
4 (4 Richtige)	151.822	111,80	116,10
5 (3 Richtige)	2.436.511	9,60	9,20

Ohne den Jackpot aus der Vorwoche hätte es für einen Sechser sogar nur 50.990,30 DM gegeben. Dann wäre eine Quotenzusammenlegung mit der Klasse 2 erforderlich geworden. Extrem niedrig war die Quote für einen Fünfer mit Zusatzzahl. Diese lag sogar um 95,71 % unter der theoretischen Quote. Wie bereits erwähnt, war der Grund dafür, dass die Tippreihe mit dem Rechteck-Muster 24 25 26 31 32 33 einen Fünfer mit Zusatzzahl brachte.

Buchstabe U als Gewinnreihe

Am Samstag, den 4.10.1997, lautete die Gewinnreihe

9 13 23 27 38 40; ZZ 29; SZ 8.

Die Gewinnreihe ergab den Buchstaben U im Tippfeld.

1	2	3	4	5	6	7
8	9	10	11	12	13	14
15	16	17	18	19	20	21
22	23	24	25	26	27	28
29	30	31	32	33	34	35
36	37	38	39	40	41	42
43	44	45	46	47	48	49

Beim damaligen Spieleinsatz wäre bei zufälliger Auswahl aller Tippreihen mit nur ungefähr 7 Sechsern zu rechnen gewesen. Es gab jedoch 134 Sechser, bei 10 davon stimmte auch noch die Superzahl. Die Anzahl der Sechser lag ungefähr 19-Mal über dem Durchschnitt. Dieser Mustertipp war sehr beliebt.

In der nachfolgenden Tabelle sind die tatsächlichen und die damaligen theoretischen Quoten zusammengestellt.

Gewinnklasse	Anzahl der Gewinne	Quote (in DM)	theoretische Quote (in DM)
1 (6 R mit SZ)	10	879.384,10	5.243.931,00
2 (6 R ohne SZ)	124	53.982,00	971.098,30
3 (5 R mit ZZ)	61	53.982,00	87.398,80
4 (5 R ohne ZZ)	4.259	2.931,00	6.936,40
5 (4 Richtige)	148.239	84,20	129,00
6 (3 R mit ZZ)	121.400	71,90	71,00
7 (3 R ohne ZZ)	1.983.716	7,50	9,10

Ohne den Jackpot von 5.048.838,20 DM aus der Vorwoche hätte es in Klasse 1 sogar nur 374.500,20 DM gegeben. Erstaunlich ist die Tatsache, dass die Anzahl der Sechser ohne Superzahl mehr als doppelt so groß war wie die Anzahl der Fünfer mit Zusatzzahl. Daher mussten in den Gewinnklassen 2 und 3 die Quoten zusammengelegt werden. Ohne Quotenzusammenlegung hätte es für einen Sechser ohne Superzahl sogar nur 50.336,00 DM gegeben, für einen Fünfer mit Zusatzzahl dafür 61.393,40 DM.

Erste Gewinnreihe mit einem Fünfling

Am Samstag, den 10.4.1999, lautete die Gewinnreihe

2 3 4 5 6 26; ZZ 16; SZ 4.

1	2	3	4	5	6	7
8	9	10	11	12	13	14
15	16	17	18	19	20	21
22	23	24	25	26	27	28
29	30	31	32	33	34	35
36	37	38	39	40	41	42
43	44	45	46	47	48	49

Die Gewinnreihe enthält den zweiten **Fünfling** aus der ersten Zeile. Diese Gewinnreihe wurde zunächst von der Presse als Sensationsreihe mit extrem hohen Quotenprognosen dargestellt. Die Bekanntgabe der Quoten brachte allerdings die Ernüchterung. In der nachfolgenden Tabelle sind die tatsächlichen und die damaligen theoretischen Quoten (in DM) aufgeführt.

Gewinnklasse	Anzahl der Gewinne	Quote (in DM)	theoretische Quote (in DM)
1 (6 R mit SZ)	3	4.229.585,00	5.243.931,00
2 (6 R ohne SZ)	31	232.913,70	971.098,30

3 (5 R mit ZZ)	148	29.271,50	87.398,80
4 (5 R ohne ZZ)	38.008	379,90	6.936,40
5 (4 Richtige)	154.633	93,30	129,00
6 (3 R mit ZZ)	176.708	57,20	71,00
7 (3 R ohne ZZ)	1.991.937	8,60	9,10

Sämtliche Quoten lagen deutlich unter den theoretischen Quoten. Ohne den in den beiden Vorwochen aufgebauten Jackpot von 8.356.558,80 DM hätte die Quote in Gewinnklasse 1 nur 1.444.065,40 DM betragen. Auffallend niedrig ist die Quote für einen Fünfer ohne Zusatzzahl. Dafür gab es nur 379,90 DM bei einer damaligen theoretischen Quote von 6.936,40 DM, also nur 5,48 % des theoretischen Wertes. Der Grund für diese sehr niedrige Quote in Klasse 4 liegt darin, dass viele Teilnehmer den **Sechsling** 1 2 3 4 5 6 getippt haben und damit einen Fünfer ohne Zusatzzahl erzielten. Dieser Sechsling war in meiner Auswertung die **viertbeliebteste Tippreihe**. Sie wurde 6.647-Mal über dem Durchschnitt getippt. Auch der Sechsling 2 3 4 5 6 7 ergab einen Fünfer ohne Zusatzzahl. Dieser Sechsling ist jedoch nicht so beliebt. Er wurde in meiner Auswertung „nur“ 556-Mal über dem Durchschnitt getippt. Wegen dieser beiden Mustertipps ist die große Anzahl von 38.008 Fünfern ohne Zusatzzahl nicht verwunderlich. Ich kann mir die Enttäuschung der Gewinner in dieser Gewinnklasse gut vorstellen. Manche davon hatten vielleicht gleich zwei Fünfer ohne Zusatzzahl. Wäre die Zahl 1 oder die Zahl 7 die Zusatzzahl geworden, so hätte es sehr viele Fünfer mit Zusatzzahl gegeben, dafür aber weniger Fünfer ohne Zusatzzahl.

Falls anstelle der Gewinnzahl 26 die Zahl 1 gezogen worden wäre, wäre die Sensation perfekt gewesen. Der viertbeliebteste Mustertipp wäre dann tatsächlich die Gewinnreihe geworden. Vermutlich hätte es mehr als 30.000 Sechser ohne Superzahl und mehr als 3.000 Sechser mit Superzahl gegeben. In der Presse hätte es vermutlich die Sensationsmeldung gegeben „12,7 Millionen-Jackpot über 3.000-Mal geknackt“. Ohne Quotenzusammenlegung hätte es dann für einen Sechser ohne Superzahl vielleicht 240 DM gegeben. Die Quote für einen Sechser mit Superzahl hätte nur wegen des hohen Jackpots bei etwa 3.800 DM gelegen, ohne den aufgebauten Jackpot aber nur bei etwa 1.300 DM. Durch eine erforderliche Quotenzusammenlegung wäre die Quote etwas höher gewesen. Die Enttäuschung der Gewinner in den beiden obersten Gewinnklassen hätte ich gut nachvollziehen können. Bei einer solchen Lotto-Katastrophe sollte unmittelbar nach der Ziehung eine Gewinnwarnung herausgebracht werden.

Es gibt nur 44 verschiedene Fünflinge mit den jeweiligen Anfangszahlen 1, 2, ... , 44. Die fehlende Tippzahl darf aber nicht unmittelbar vor oder nach dem Fünfling stehen, weil sonst ein Sechsling entstehen würde. Insgesamt gibt es 1.892 verschiedene Tippreihen mit einem Fünfling, aber keinem Sechsling. Die Wahrscheinlichkeit, dass bei einer Ziehung die Gewinnreihe einen Fünfling enthält, beträgt daher

$$p = \frac{1.892}{13.983.816} = 0{,}0001353$$

Multiplikation mit 100 ergibt die prozentuelle Chance von 0,01353 %. Auf Dauer gibt es nur in ungefähr 0,01353 % aller Ziehungen eine Gewinnreihe mit einem Fünfling, also in ungefähr 7.391 Ziehungen 1-Mal. Bei 104 Jahresziehungen tritt dieser Fall im statistischen Durchschnitt in etwa 71 Jahren 1-Mal ein. Bei der obigen Ziehung handelt es sich um die erste Gewinnreihe mit einem Fünfling.

Zweite Gewinnreihe mit mit einem Fünfling

Am Mittwoch, den 30.07.2014, gab es die zweite Gewinnreihe mit einem Fünfling Sie lautete

9 10 11 12 13 37; SZ 3.

1	2	3	4	5	6	7
8	9	10	11	12	13	14
15	16	17	18	19	20	21
22	23	24	25	26	27	28
29	30	31	32	33	34	35
36	37	38	39	40	41	42
43	44	45	46	47	48	49

Die Quoten stehen in der nachfolgenden Tabelle.

Gewinnklasse	Anzahl der Gewinne	Quote (in Euro)	theoretische Quote (in Euro)
1 (6 R mit SZ)	0	JP 4.488.046,10	8.949.642,20
2 (6 R ohne SZ)	3	262.713,90	574.596,50
3 (5 R mit SZ)	159	2.478,40	10.022,00
4 (5 R ohne SZ)	1.165	1.014,70	3.340,60
5 (4 R mit SZ)	2.860	137,70	190,80
6 (4 R ohne SZ)	22.328	35,20	42,40
7 (3 R mit SZ)	50.482	15,60	20,90

8 (3 R ohne SZ)	407.456	8,70	10,40
9 (2 R mit SZ)	375.139	5,00	5,00

Die Klasse 1 war nicht besetzt. Der Grund dafür liegt im geringen Spieleinsatz beim Mittwochslotto. Für einen Sechser ohne Superzahl lag die Quote von 262.713,90 Euro um 54,3 % unter der theoretischen Quote. Die Quoten für einen Fünfer mit bzw. ohne Superzahl lagen noch deutlicher unter den theoretischen Quoten. Die beiden Sechslinge

8 9 10 11 12 13 und 9 10 11 12 13 14

aus der zweiten Zeile sind beliebte Mustertipps. Beide ergaben hier einen Fünfer. In der Presse hat sich auch ein Gewinner in Klasse 5 gemeldet, welcher den Sechsling 8 9 10 11 12 13 getippt hatte. Bis auf die Klasse 9 mit der festen Quote 5 Euro lagen alle weiteren Quoten deutlich unter den theoretischen Quoten. Hier haben viele beliebte Tippreihen zu einem Gewinn in den unteren Klassen geführt.

Mustertipp mit niedrigen Quoten in Klasse 2

Am Mittwoch, den 29.10.2014, lautete die Gewinnreihe

4 9 21 26 39 43; SZ 4.

1	2	3	4	5	6	7
8	9	10	11	12	13	14
15	16	17	18	19	20	21
22	23	24	25	26	27	28
29	30	31	32	33	34	35
36	37	38	39	40	41	42
43	44	45	46	47	48	49

Die Gewinnreihe stellt einen Mustertipp dar. In Klasse 1 war aus der vorangegangenen Ziehung bereits ein Jackpot von 3.108.318,00 Euro aufgebaut. In der Klasse 2 betrug die Quote von 137.434,70 Euro nur 23,9 % der theoretischen Quote. Bis auf die Klasse 9 mit der festen Quote von 5 Euro lagen alle Quoten unter den theoretischen Quoten.

Gewinnklasse	Anzahl der Gewinne	Quote (in Euro)	theoretische Quote (in Euro)
1 (6 R mit SZ)	1	4.545.822,90	8.949.642,20
2 (6 R ohne SZ)	6	137.434,70	574.596,50
3 (5 R mit SZ)	44	9.370,50	10.022,00
4 (5 R ohne SZ)	500	2.473,80	3.340,60
5 (4 R mit SZ)	2.408	171,20	190,80
6 (4 R ohne SZ)	20.753	39,70	42,40
7 (3 R mit SZ)	41.355	19,90	20,90
8 (3 R ohne SZ)	368.784	10,00	10,40
9 (2 R mit SZ)	309.384	5,00	5,00

Gewinnreihe verfehlt sehr beliebten Mustertipp um eine einzige Zahl

Am Samstag, den 11.8.2012, gab es die Gewinnreihe

1 2 3 20 47 49; ZZ 35; SZ 3.

1	2	3	4	5	6	7
8	9	10	11	12	13	14
15	16	17	18	19	20	21
22	23	24	25	26	27	28
29	30	31	32	33	34	35
36	37	38	39	40	41	42
43	44	45	46	47	48	49

Die Quoten und die damaligen theoretischen Quoten sind in der nachfolgenden Tabelle zusammengestellt. Eine Tippreihe kostete damals 0,75 Euro.

Gewinnklasse	Anzahl der Gewinne	Quote (in Euro)	theoretische Quote (in Euro)
1 (6 R mit SZ)	0	JP 2.170.333,10	5.243.931,00
2 (6 R ohne SZ)	8	217.033,30	466.127,20
3 (5 R mit ZZ)	18	60.287,00	43.699,40
4 (5 R ohne ZZ)	7.175	393,20	2.705,20
5 (4 R mit ZZ)	1.749	248,10	166,40
6 (4 R ohne ZZ)	55.444	39,10	40,60
7 (3 R mit ZZ)	50.450	34,40	24,30
8 (3 R ohne ZZ)	924.536	10,30	10,00

Bei 57.875.551 eingesetzten Tippreihen wären bei zufälliger Auswahl aller Tippreihen im statistischen Durchschnitt mit ungefähr vier Sechsern zu rechnen gewesen. Es gab jedoch acht, alle ohne die richtige Superzahl. Bei der Gewinnreihe handelt es sich um einen Mustertipp, der allerdings nicht allzu beliebt war. Auffallend niedrig war die Quote in Klasse 4 (5 Richtige ohne Zusatzzahl). Mit 393,20 Euro betrug sie nur

14,43 % von der damaligen theoretischen Quote 2.705,20 Euro. Der Grund dafür ist die Tatsache, dass der überaus beliebte Mustertipp 1 2 3 47 48 49 aus den drei ersten und den drei letzten Zahlen des Tippfeldes bei dieser Ziehung einen Fünfer ohne Zusatzzahl ergab. Dieser Mustertipp wurde in meiner Auswertung 2.005-Mal über dem Durchschnitt getippt.

Falls anstelle der Gewinnzahl 20 die 48 gezogen worden wäre, hätte dieser beliebte Mustertipp sogar einen Sechser gebracht. Dann hätte es bei dieser Ziehung ungefähr 8.000 Sechser gegeben, etwa 800 davon mit Superzahl. In diesem Fall wäre allerdings die Anzahl der Gewinner in Klasse 4 wesentlich kleiner gewesen. Ohne Quotenzusammenlegung mit unteren Klassen hätte es dann für einen Sechser mit Superzahl nur ungefähr 2.600 Euro, für einen Sechser ohne Superzahl vielleicht 230 Euro gegeben. In allen Gewinnklassen mit Zusatzzahl lagen die Quoten über den theoretischen Quoten.

Mustertipp mit niedrigen Quoten in Klasse 2

Am Mittwoch, den 29.10. 2014, lautete die Gewinnreihe

4 9 21 26 39 43; SZ 4.

1	2	3	4	5	6	7
8	9	10	11	12	13	14
15	16	17	18	19	20	21
22	23	24	25	26	27	28
29	30	31	32	33	34	35
36	37	38	39	40	41	42
43	44	45	46	47	48	49

Die Gewinnreihe stellt einen Mustertipp dar. In Klasse 1 war aus der vorangegangenen Ziehung ein Jackpot von 3.108.318,00 Euro aufgebaut. In der Klasse 2 betrug die Quote von 137.434,70 Euro nur 23,9 % der theoretischen Quote. Bis auf die Klasse 9 mit der festen Quote von 5 Euro lagen alle Quoten unter den theoretischen Quoten.

Gewinnklasse	Anzahl der Gewinne	Quote (in Euro)	theoretische Quote (in Euro)
1 (6 R mit SZ)	1	4.545.822,90	8.949.642,20
2 (6 R ohne SZ)	6	137.434,70	574.596,50
3 (5 R mit SZ)	44	9.370,50	10.022,00
4 (5 R ohne SZ)	500	2.473,80	3.340,60
5 (4 R mit SZ)	2.408	171,20	190,80
6 (4 R ohne SZ)	20.753	39,70	42,40
7 (3 R mit SZ)	41.355	19,90	20,90
8 (3 R ohne SZ)	368.784	10,00	10,40
9 (2 R mit SZ)	309.384	5,00	5,00

Kein zusätzlicher Einfluss der Superzahl auf die Quoten in den Klassen 3, 5, 7

Früher hatte die Zusatzzahl oft einen zusätzlichen Einfluss auf manche Quoten, vor allem wenn sie in ein Muster passte. Die Zusatzzahl konnte manche Quoten anheben, aber auch stark senken. Diesen Einfluss hat die Superzahl nicht mehr, weil sie von den sechs Gewinnzahlen unabhängig ist.

Beliebtheit von Geburtstagsreihen

Viele Personen tippen Zahlen aus ihrem Geburtsdatum oder anderen Kalenderdaten, in der Hoffnung, als Glückskind den großen Gewinn zu machen. Wenn jemand am 17.8.1937 geboren ist, tippt er die Zahlen 8, 17, 19, 37. Dazu kommen noch zwei Zahlen aus Daten anderer wichtiger Ereignisse. Eine Jahreszahl, z.B. 1976, wird oft zerlegt in 19, 7 und 6. Tippreihen mit solchen Zahlen nennt man **Geburtstagsreihen**. Daher ist es nicht verwunderlich, dass die **Jahrhundertzahl** 19 die am meisten getippte Zahl ist. Sie wurde in meiner Auswertung 32,72 % über dem Durchschnitt getippt. Aus dem Geburtsjahr eines ab dem Jahr 2000 geborenen Kindes wird oft die Zahl 20 ausgewählt. Somit wird die Tipphäufigkeit der Zahl 20 im Laufe der Zeit zunehmen, die für die Zahl 19 allerdings abnehmen. In einer typischen Geburtstagsreihe gibt es neben der Jahrhundertzahl 19 noch eine **Monatszahl** zwischen 1 und 12, ferner eine **Tageszahl** zwischen 1 und 31. Dabei tritt die Monatszahl 31 nur in sechs Monaten auf. Auch sollten Schaltjahre berücksichtigt werden.

Um Geburtstagsreihen völlig auszuschließen, könnte jemand auf die Idee kommen, nur noch Zahlen über 31 zu tippen. Aus diesen 18 Zahlen können aber nur

$$\binom{18}{6} = \frac{18 \cdot 17 \cdot 16 \cdot 15 \cdot 14 \cdot 13}{1 \cdot 2 \cdot 3 \cdot 4 \cdot 5 \cdot 6} = 16.564$$

Reihen getippt werden. Auf diese Idee sind offensichtlich schon viele Personen gekommen, denn diese Reihen wurden in meiner Auswertung insgesamt 4,3-Mal über dem Durchschnitt getippt. Daher sollten auch diese Reihen gemieden werden, obwohl es sich gar nicht um Geburtstagsreihen handelt.

In einer Geburtstagsreihe muss neben der Jahrhundertzahl 19 bzw. 20 mindestens eine Monatszahl zwischen 1 und 12 und zusätzlich eine Tageszahl zwischen 1 und 31 getippt sein.

Insgesamt gibt es 1.712.304 verschiedene Tippreihen, welche die Zahl 19 enthalten. Doch nicht alle Tippreihen mit der Zahl 19 sind typische Geburtstagsreihen. Einige davon scheiden aus, z.B. sämtliche Reihen, die zwar die 19, aber keine Monatszahl zwischen 1 und 12 enthalten. Das sind 376.992 Reihen. Damit bleiben noch 1.335.312 Reihen übrig, bei denen die Zahl 19 und mindestens eine oder mehrere Zahlen zwischen 1 und 12 enthalten sind. Hiervon scheiden alle Reihen aus, welche die 19 und nur eine einzige Zahl zwischen 1 und 12 enthalten, aber keine von den restlichen Zahlen zwischen 13 und 31. Von den Monats- bzw. Tageszahlen wäre ja nur eine einzige dabei. In solchen Reihen muss die 19 getippt werden, von den Zahlen 1 bis 12 genau eine, die restlichen vier Zahlen müssen größer als 31 sein. Dafür gibt es 36.720 Reihen. Diese müssen noch subtrahiert werden.

Insgesamt gibt es **1.298.592 typische Geburtstagsreihen**. Auf Dauer wird zwar bei ungefähr 12,24 % aller Ziehungen die Gewinnreihe die Zahl 19 enthalten, doch typische Geburtstagsreihen gibt es nur in ungefähr 9,29 % aller Ziehungen.

Eine Geburtstagsreihe kann auch unbewusst getippt werden. Trotzdem handelt es sich aber um eine Geburtstagsreihe. Darunter sind die vielen Mustertipps, welche die Zahl 19 enthalten, z.B. der zweitbeliebteste Mustertipp 7 13 19 25 31 37 (Diagonalreihe) und die beiden Vertikalreihen 5 12 19 26 33 40 und 12 19 26 33 40 47.

9,29 % aller möglichen Reihen sind typische Geburtstagsreihen. Unter den vom Autor ausgewerteten Reihen befanden sich aber 13,82 % typische Geburtstagsreihen. Damit wurden typische Geburtstagsreihen insgesamt 48,9 %, also fast 50 % über dem Durchschnitt getippt. Bei Geburtstagsreihen als Gewinnreihen liegen die Quoten für einen Sechser im Durchschnitt um etwa ein Drittel unter den theoretischen Quoten. Einzelne Quoten können noch wesentlich niedriger sein.

Wenn eine Geburtstagsreihe gleichzeitig ein Mustertipp ist, sind die Quoten extrem niedrig. Bei Geburtstagsreihen liegen die Quoten im Allgemeinen nicht so weit unter den theoretischen Quoten wie bei Mustertipps.

Beispiele für Geburtstagsreihen als Gewinnreihen

Am Samstag, den 19.11.2013, lautete die Gewinnreihe

9 19 24 39 42 43 ; SZ 4

und am Samstag, den 14.12.2013,

5 6 17 19 27 38 ; SZ 3.

Die Gewinnquoten für die beiden Geburtstagsreihen sind in der nachfolgenden Tabelle eingetragen.

Gewinnklasse	Quote am 16.11.2013 (in Euro)	Quote am 14.12.2013 (in Euro)	theoretische Quote (in Euro)
1 (6 R mit SZ)	1 x 21.273.654,20	JP 21.769.680,80	8.949.642,20
2 (6 R ohne SZ)	13 x 272.241,30	7 x 325.407,40	574.596,50
3 (5 R mit SZ)	6.720,90	6.090,50	10.022,00
4 (5 R ohne SZ)	1.970,10	2.163,80	3.340,60
5 (4 R mit SZ)	145,20	117,20	190,80
6 (4 R ohne SZ)	31,30	26,50	42,40
7 (3 R mit SZ)	18,50	14,10	20,90
8 (3 R ohne SZ)	9,00	7,30	10,40
9 (2 R mit SZ)	5,00	5,00	5,00

In beiden Ziehungen war bereits ein hoher Jackpot aufgebaut. In der Klasse 2 lagen die Quoten um 52,6 % bzw. um 43,4 % unter der theoretischen Quote. Auch in den Klassen 2 bis 8 waren die Quoten deutlich niedriger als die theoretischen Quoten. In diesen Klassen haben vermutlich viele andere Geburtstagsreihen zu einem Gewinn geführt.

Hohe Quoten bei Gewinnreihen mit der Anfangszahl 19

Bei Gewinnreihen mit der Anfangszahl 19 gibt es für 6 Richtige sehr oft hohe Quoten, obwohl die Reihe die Zahl 19 enthält. Das ist kein Widerspruch, denn eine mit 19 beginnende Reihe ist keine typische Geburtstagsreihe, weil sie keine Monatszahl enthält. Wenn jedoch eine Gewinnreihe mit der Anfangszahl 19 ein beliebtes Muster darstellt, sind auch hier die Quoten dementsprechend niedrig.

Beliebtheit früherer Gewinnreihen

In meiner Auswertung war die viertbeliebteste Tippreihe kein Mustertipp. Es handelte sich um die Gewinnreihe vom vorangegangenen Samstag. Diese Gewinnreihe wurde eine Woche nach deren Ziehung 7.595-Mal über dem Durchschnitt getippt. Diese Tatsache hat mich doch etwas überrascht. Da es zur Zeit meiner Auswertung mittwochs noch zwei Ziehungen gab, wurde von mir zunächst untersucht, wie oft die Gewinnreihen aus den vorangegangenen Samstagsziehungen getippt wurden. Die zwei Wochen zuvor gezogene Gewinnreihe wurde 3.878-Mal, die drei Wochen vorher gezogenen 3.044-Mal, die vier Wochen alte Gewinnreihe 1.895-Mal über dem Durchschnitt getippt. Die Gewinnreihe aus der ersten Samstagsziehung des gleichen Jahres wurde immerhin noch 286-Mal über dem Durchschnitt getippt. Sogar die Gewinnreihe aus der bereits fünf Jahre zurückliegenden Samstagsziehung wurde noch 65-Mal, die zehn Jahre alte Gewinnreihe noch 29-Mal über dem Durchschnitt getippt. Auch die Gewinnreihen aus den Mittwochsziehungen waren sehr beliebt. Sogar Gewinnreihen aus der „6 aus 45“-Toto-Auswahlwette wurden häufig getippt.

Für mich ist es unerklärlich, weshalb bereits ausgespielte Gewinnreihen so beliebt sind. Viele Personen sind doch irrtümlicherweise der Meinung, bereits ausgespielte Gewinnreihen hätten eine geringere Chance. Weshalb sind ausgespielte Gewinnreihen trotzdem so beliebt? Ich habe nur folgende Erklärung: Viele Personen sind der Meinung, außer ihnen würde niemand solche Gewinnreihen tippen. Dann hätten sie im Ziehungsfall den einzigen Sechser. Doch wenn viele Personen so denken, muss man sich nicht über die Beliebtheit früherer Gewinnreihen wundern.

Man kann davon ausgehen, dass sich auch jetzt noch unter den getippten Reihen viele frühere Gewinnreihen befinden, besonders solche aus der unmittelbaren Vergangenheit. Bei jeder Ziehung gehören die Gewinnreihen aus den beiden vorangegangenen Ziehungen zu den am häufigsten getippten Reihen.

Erstmalige Wiederholung einer Gewinnreihe

Am Mittwoch, den 21.6.1995, wurde in der Ziehung A zum ersten Mal eine Gewinnreihe ausgespielt, die bereits einmal Gewinnreihe war, und zwar am Samstag, den 20.12.1986. Dabei handelt es sich um die Gewinnreihe:
15 25 27 30 42 48; ZZ 29.

Eine Superzahl gab es in beiden Ziehungen noch nicht. Zum damaligen Zeitpunkt gab es mittwochs noch zwei Ziehungen mit getrennten Quotenfestsetzungen. In den nachfolgenden

Tabellen sind für beide Ziehungen die Quoten und die damaligen theoretischen Quoten (in DM) zusammengestellt.

Gewinnquoten bei der ersten Ziehung am Samstag, den 20.12.1986

Gewinnklasse	Anzahl der Gewinne	Quote (in DM)	theoretische Quote (in DM)
1 (6 Richtige)	2	3.887.255,40	1.048.786,20
2 (5 R mit ZZ)	34	114.331,00	87.398,80
3 (5 R ohne ZZ)	1.114	10.468,30	6.242,70
4 (4 Richtige)	73.014	159,70	116,10
5 (3 Richtige)	1.530.736	11,00	9,20

Bei der ersten Ziehung dieser Gewinnreihe lagen sämtliche Quoten deutlich über den theoretischen Quoten. Daher gehörte diese Gewinnreihe zu diesem Zeitpunkt keineswegs zu den beliebten Tippreihen. Einen Jackpot gab es damals noch nicht.

Gewinnquoten bei der zweiten Ziehung am Mittwoch, den 21.6.1995

Gewinnklasse	Anzahl der Gewinne	Quote (in DM)	theoretische Quote (in DM)
1 (6 Richtige)	20	51.967,40	524.393,10
2 (5 R mit ZZ)	4	51.967,40	43.699,40
3 (5 R ohne ZZ)	306	4.075,80	3.121,30
4 (4 Richtige)	18.461	67,50	58,00
5 (3 Richtige)	326.313	5,60	4,60

Beim damaligen Spieleinsatz wären bei zufälliger Auswahl aller Tippreihen im statistischen Durchschnitt nur ein bis zwei Sechser zu erwarten gewesen. Es gab jedoch 20 Sechser. Bei der zweiten Ziehung der gleichen Gewinnreihe wurde diese 12,6-Mal über dem Durchschnitt getippt.

Weshalb gehörte diese Reihe, die bei der ersten Ziehung noch unbeliebt war, plötzlich zu den beliebten Tippreihen? Die Antwort kennen Sie ja bereits: Weil viele Teilnehmer bereits ausgespielte Gewinnreihen bevorzugt tippen. Bei dieser Ziehung gab es 5-Mal mehr Sechser als Fünfer mit Zusatzzahl. Normalerweise ist das Verhältnis umgekehrt. Daher mussten in den Klassen 1 und 2 die Quoten zusammengelegt werden. Ohne Quotenzusammenlegung hätte es für einen Sechser sogar nur 41.573,90 DM gegeben, für einen Fünfer mit Zusatzzahl dafür 103.943,80 DM. Wegen der Beliebtheit der bereits ausgespielten Gewinnreihe hat jeder der vier Gewinner in Klasse 2 den Betrag 51.976,40 DM weniger gewonnen.

Holländische Gewinnreihe eine Woche später in Deutschland gezogen

Am Samstag, den 18.6.1977, lautete in Deutschland die Gewinnreihe 9 17 18 20 29 40; ZZ 42.

Eine Superzahl gab es damals noch nicht. Es gab 205 Sechser und nur 41 Fünfer mit Zusatzzahl. Daher mussten in den beiden obersten Gewinnklassen die Quoten zusammengelegt werden mit der gemeinsamen Quote von 30.737,80 DM. Ohne Quotenzusammenlegung hätte es für einen Sechser sogar nur 24.590,20 DM gegeben, für einen Fünfer mit Zusatzzahl jedoch 61.475,60 DM. Zu dieser Zeit gab es in der Gewinnklasse 1 häufig Quoten von über einer Million DM. Die Gewinner in Klasse 2 hatten die Gewinnreihe nicht getippt. Wegen der Quotenzusammenlegung mit der Klasse 1 hatten sich ihre Quoten jedoch halbiert.

Die Gewinnreihe war kein Mustertipp und wurde auch noch nie vorher in Deutschland gezogen. Der Grund für die große Beliebtheit dieser Reihe war die Tatsache, dass sie eine Woche zuvor in Holland die Gewinnreihe war. Viele Personen aus Deutschland haben diese Reihe getippt, vermutlich viele Anwohner aus dem Grenzgebiet zu Holland. Obwohl die 41 Gewinner mit einem Fünfer mit Zusatzzahl die holländische Tippreihe nicht übernommen haben, hatten sie trotzdem wegen des Tippverhaltens der vielen Gewinner in Klasse 1 einen finanziellen Nachteil, weil jedem wegen der Quotenzusammenlegung 36.885,40 DM verloren gingen. Diese Gewinnreihe wurde übrigens 16 Jahre später in meiner Auswertung immerhin noch 27-Mal über dem Durchschnitt getippt.

Zusammenfassung

In diesem Kapitel werden die wichtigsten Ergebnisse der **Auswertung von 7.777.556 getippten Reihen** vorgestellt. Von den 13.983.816 möglichen Reihen wurden nur 57,58 % getippt.

Alle Häufigkeiten werden angegeben, mit denen dabei die einzelnen Zahlen getippt wurden.

Ferner werden **Mustertipps** vorgestellt, darunter die beliebtesten. Als Beispiel wird angeführt, dass der erste große Jackpot mit einem Mustertipp gleich 222-Mal geknackt wurde. Ferner wird eine tatsächliche Gewinnreihe mit dem **Buchstaben U** als Muster mit extrem niedrigen Quoten vorgestellt. Bei den ersten beiden Gewinnreihen mit einem **Fünfling** gab es für 5 Richtige sehr niedrige Quoten. Der Grund dafür war die Tatsache, dass jeweils die beiden Sechslinge, die den Fünfling enthielten, sehr oft getippt wurden und dabei einen Fünfer erzielten.

Sechs **unbeliebte Zahlen** können jedoch zusammen eine sehr beliebte Tippreihe bilden, vor allem Zahlen am Rand des Tippfeldes, z.B. die Vertikalreihe 1 8 15 22 29 36.

Ferner werden **Geburtstagsreihen** untersucht. 9,29 % aller möglichen Tippreihen sind Geburtstagsreihen. Diese wurden in der vom Autor durchgeführten Auswertung fast 50 % über dem Durchschnitt getippt. Bei Geburtstagsreihen liegen die Quoten für einen Sechser im Mittel 33 % unter den theoretischen Quoten. Falls eine Geburtstagsreihe gleichzeitig auch noch ein Mustertipp ist, gibt es für einen Sechser wesentlich niedrigere Quoten. Bei Geburtstagsreihen liegen oft die Quoten aller Gewinnklassen zum Teil deutlich unter den theoretischen Quoten. Dafür verantwortlich sind andere Geburtstagsreihen, die in den Klassen 3 bis 8 zu einem Gewinn führen.

Weiter wird gezeigt, dass bereits **ausgespielte Gewinnreihen** sehr oft getippt werden. Auch Reihen, die bereits Jahrzehnte vorher Gewinnreihen waren, wurden immer noch überdurchschnittlich oft getippt. Als Beispiel wird eine Ziehung untersucht, bei der in Deutschland zum ersten Mal eine frühere Gewinnreihe erneut ausgespielt wurde. Diese Reihe war bei ihrer ersten Ziehung nicht beliebt. Bei der zweiten Ziehung wurde sie jedoch 12-Mal über dem Durchschnitt getippt.

Weiter wird auf eine Ziehung hingewiesen, bei der eine Gewinnreihe aus Holland eine Woche später auch in Deutschland die Gewinnreihe wurde. Bei der Ziehung in Deutschland gab es sehr viele Sechser mit niedrigen Quoten.

14 Tippvorschläge

Weil jede der fast 14 Millionen Tippreihen die gleiche Chance hat, gibt es **kein Spiel gegen den Zufall**, auch wenn immer wieder das Gegenteil behauptet wird. Bei Angeboten von Tippreihen, die angeblich eine höhere Chance besitzen, ist daher Skepsis angebracht. Wenn man schon nicht gegen den Zufall spielen kann, sollte man doch versuchen, Reihen zu tippen, die bei den Mitspielern nicht beliebt sind. Dann kann erwartet werden, dass im Gewinnfall die Quoten über den theoretischen Quoten liegen. Diese **Hochquotenstrategie** ist ein Schutz gegen Quoteneinbrüche. Eine unbeliebte Tippreihe mit hohen Quotenerwartungen hat ja die gleiche Gewinnchance wie eine beliebte Reihe mit schlechten Quotenaussichten.

Tippvorschläge für höhere Quoten für einen Sechser

Falls eine sehr beliebte Tippreihe Gewinnreihe wird, hat dies einen unmittelbaren Einfluss auf die Quoten in den beiden oberen Gewinnklassen. Die Quoten für einen Sechser können dann sehr niedrig sein. Zum Schutz vor einem solchen Quoteneinbruch sollten die folgenden Vorschläge beachtet werden.

Tippreihen und Tippzahlen aus Horoskopen meiden

Oft werden in Horoskopen oder Sternzeichen „Glückszahlen" oder Tippreihen angepriesen. Doch auch solche Reihen haben keine höhere Chance. Wie sollte sich denn das Ziehungsgerät mit den Sternen in Verbindung setzen? Auch wenn öffentlich angebotene Reihen bisher nicht zu den beliebten Reihen gehörten, besteht doch die Gefahr, dass sie von vielen Personen übernommen werden. Damit würden diese Reihen plötzlich oft getippt und hätten im Ziehungsfall niedrige Quoten.

Mustertipps vollständig meiden

Falls die Gewinnreihe ein beliebter Mustertipp ist, muss mit sehr vielen Sechsern gerechnet werden. Dann sind die Quoten entsprechend niedrig. Es gibt Mustertipps, bei denen die Quote für einen Sechser ohne Superzahl sogar unter tausend Euro liegen würde. Auch wenn ein Mustertipp nur 2-Mal über dem Durchschnitt getippt wird, halbieren sich bereits die Quoten für einen Sechser. Alles was im quadratischen Tippfeld schön aussieht, sollte gemieden werden. Die auf S. 174 beschriebene Ziehung, bei der mit einem Parallelogramm-Tipp der erste große Jackpot gleich 222-Mal geknackt wurde oder die extrem niedrigen Quoten bei dem Buchstaben U als Gewinnreihe (S. 176) sollten eine Warnung sein.

Bereits ausgespielte Gewinnreihen meiden

Bereits ausgespielte Gewinnreihen, vor allem solche aus der jüngsten Vergangenheit, sollten ebenfalls nicht getippt werden. Nicht weil diese Reihen nach der fälschlichen Meinung vieler Personen eine geringere Chance haben, sondern weil diese Reihen sehr oft getippt werden. Bei der nächsten Ziehung dürften die Gewinnreihen aus den beiden vorangegangenen Ziehungen mindestens 7.000-Mal über dem Durchschnitt getippt werden. Ohne Quotenzusammenlegung gäbe es für einen Sechser ohne Superzahl keine tausend Euro. Auch Gewinnreihen, die bereits vor Jahrzehnten gezogen wurden, werden immer noch sehr oft getippt. Bisher wurde in Deutschland erst eine einzige Gewinnreihe zum zweiten Mal gezogen (s. S. 190/191). Bei der ersten Ziehung war diese Reihe noch unbeliebt, bei der zweiten Ziehung aber so beliebt, dass die Quote für einen Sechser um etwa 90 % unter der damaligen theoretischen Quote lag. Das zweite Beispiel dafür ist die Ziehung, bei der in Deutschland die holländische Gewinnreihe aus der Vorwoche ausgespielt wurde (s. S. 192).

Auch hier waren in Deutschland die Quoten für einen Sechser sehr niedrig.

Geburtstagsreihen meiden

Geburtstagsreihen werden fast 50 % über dem Durchschnitt getippt. Daher liegen bei solchen Gewinnreihen die Quoten für einen Sechser oft um ein Drittel unter den theoretischen Quoten. Für einen Sechser ohne Superzahl kann es bei Geburtstagsreihen auch Quoten unter 150.000 Euro geben. Zur vollständigen Vermeidung von Geburtstagsreihen sollte man aber nicht nur Zahlen über 31 tippen. Daraus können nämlich nur 18.654 verschiedene Tippreihen gebildet werden. Sehr viele Personen tippen solche Reihen. Sie wurden in meiner Auswertung insgesamt 4,3-Mal über dem Durchschnitt getippt. Um keine Geburtstagsreihen zu tippen, sollte auf die Zahl 19 ganz verzichtet werden. Damit auch Geburtstagsreihen von Kindern ausgeschlossen werden, sollte auch die Zahl 20 weggelassen weren.

Tippvorschläge für höhere Quoten in den unteren Klassen

Wer beliebte Tippreihen meidet, muss im Ziehungsfall einer getippten Reihe in den beiden oberen Gewinnklassen keinen großen Quoteneinbruch befürchten. Doch im Gewinnfall können die Quoten in den Gewinnklassen 3 bis 8 trotzdem sehr niedrig sein, auch wenn es für einen Sechser hohe Quoten gibt. Dies ist dann der Fall, wenn viele beliebte Mustertipps oder Geburtstagsreihen Gewinne in diesen Klassen ergeben. Dann ist es möglich, dass auch die Quoten in niedrigen Klassen wegen des Tippverhaltens anderer Mitspieler deutlich unter den theoretischen Quoten liegen, insbesondere wenn die Gewinnreihe einen sehr beliebten Mustertipp nur knapp verfehlt. Bei den beiden Gewinnreihen mit einem Fünfling (s. S. 177 – 180) waren die Quoten für einen Fünfer sehr niedrig. Hier haben jeweils die beiden beliebten Sechslinge, welche den Fünfling enthielten, zu einem Fünfer geführt.

Als der erste Jackpot mit einem Mustertipp 222-Mal geknackt wurde (s. S. 174), gab es nicht nur für einen Sechser eine sehr niedrige Quote. Die Quote für einen Fünfer mit Zusatzzahl brach noch viel stärker ein. Sie betrug nur 3.750,70 DM bei einer damaligen theoretischen Quote von 87.398,80 DM. Das sind sogar nur 4,29 % der theoretischen Quote. Damit man trotz der Meidung von beliebten Tippreihen in den niedrigen Gewinnklassen keinen Quoteneinbruch hinnehmen muss, sollten in den Tippreihen auch keine Teile von Mustertipps aufgenommen werden, z.B. kein Rechteck oder Parallelogramm aus vier Zahlen. Gemieden werden sollten auch horizontale, vertikale und diagonale Fünflinge, Vierlinge und Drillinge, die sich jeweils in einer einzigen Zeile bzw. Spalte befinden.

Welche Zahlen sollen getippt werden?

Allgemein sind Zahlen beliebt, die mehr in der Mitte des quadratischen Tippfeldes liegen, mit Ausnahme der beiden letzten Zeilen. Zahlen am linken, unteren und rechten Rand sind unbeliebt. Die Zahlen in der ersten Zeile (oberer Rand) werden jedoch oft getippt. Daher sollten beim Tippen die Zahlen an den Rändern mit Ausnahme der ersten Zeile stark beachtet werden. Auch Zahlen in der zweitletzten Zeile sind nicht beliebt. Allerdings darf dadurch kein Muster entstehen. Zu den unbeliebten Zahlen sollten daher noch wenige beliebte Zahlen hinzugenommen werden. Die Zahl 19 sollte nicht getippt werden, weil dann Geburtstagsreihen ausgeschlossen werden. Da aber die Zahl 20 in Geburtstagsreihen von Kindern immer mehr an Bedeutung gewinnt, sollte auch die Zahl 20 weggelassen werden. Bei der Benutzung von Quicktipps können Geburtstagsreihen auch nicht ganz vermieden werden. Besser wäre es dann, mit Ausnahme der Zahlen 19 und 20 die restlichen 47 Zahlen auf Karten eines Kartenspiels zu schreiben und daraus sechs Karten zu ziehen. Falls dadurch kein Mustertipp entsteht, könnte diese Reihe getippt werden. Eine Überprüfung, ob sie bereits einmal Gewinnreihe war, ist allerdings kaum möglich. Dazu müssten alle bisherigen Gewinnreihen in einem Computer gespeichert werden. Anstelle des Kartenspiels könnte man auch mit einem Computer aus den 47 Zahlen (ohne die Zahlen 19 und 20) mit Hilfe eines Zufallszahlenprogramms sechs Zahlen auswählen.

Allgemein sollten beim Tippen hohe Zahlen bevorzugt werden. Aus den 18 Zahlen, die größer als 31 sind, können aber nur 18.564 verschiedene Tippreihen gebildet werden. Darunter befinden sich noch viele Mustertipps. Diese Reihen wurden in der vom Autor vorgenommenen Auswertung insgesamt 4,3-Mal über dem Durchschnitt getippt. Daher sollten auch kleinere Zahlen mit einbezogen werden.

Zusammenfassung

Mit den **Tippvorschlägen** aus diesem Kapitel soll vermieden werden, dass im Gewinnfall die Quoten extrem niedrig sind.

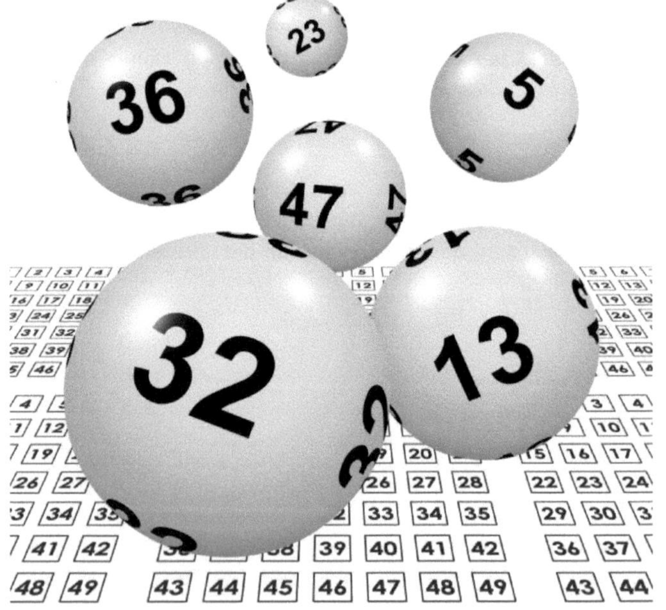

Stichwortverzeichnis

E

F

G

H

I

J

K

L

T

U

V

W

Z